U0856553

# 赢在职场
# 话技巧

不光会说话，还要会听话

孙浩然◎著

会说话占尽先机，会听话万事如意。

会说话是一门艺术，会听话则是一种能力。
会说话固然八面玲珑，会听话才能左右逢源。

企业管理出版社
ENTERPRISE MANAGEMENT PUBLISHING HOUSE

**图书在版编目(CIP)数据**

赢在职场话技巧/孙浩然著.—北京:企业管理出版社,2013.4

ISBN 978-7-5164-0288-7

Ⅰ.①赢… Ⅱ.①孙… Ⅲ.①口才学—通俗读物 Ⅳ.①H019—49

中国版本图书馆 CIP 数据核字(2013)第 052854 号

---

**书　　名**:赢在职场话技巧:不光会说话　还要会听话
**作　　者**:孙浩然
**责任编辑**:周灵均
**书　　号**:ISBN 978-7-5164-0288-7
**出版发行**:企业管理出版社
**地　　址**:北京市海淀区紫竹院南路 17 号　　邮编:100048
**网　　址**:http://www.emph.cn
**电　　话**:总编室(010)68701719　发行部(010)68414644　编辑部(010)68414643
**电子信箱**:80147@sina.com
**印　　刷**:北京市德美印刷厂
**经　　销**:新华书店
**规　　格**:170 毫米×240 毫米　16 开本　15 印张　200 千字
**版　　次**:2013 年 4 月第 1 版　2013 年 4 月第 1 次印刷
**定　　价**:32.00 元

---

# 前言

在职场上，语言是传达感情的工具，也是沟通思想的桥梁。大多数成功的人都能听会说，而不成功的人大多不擅长语言艺术。要想在人际交往中应对自如，我们必须努力提高说话的水平，掌握高水准的听话技能。

说话，对于现代人而言是至关重要的一件事。说话与我们的生活密切相关。我们天天在说话，并不意味着人人都会说话。“会说话，当钱花”，“好人出在嘴上，好马出在腿上”，这些话都强调了会说话的重要性。

很多时候，能不能把话说好就预示着能不能把事情办好。一个人的沟通能力往往决定着这个人的办事能力！在职场上，也许一件很普通的小事，由于说话的水平不同，所获得的效果和回报也大不相同。有时候一句话可以化干戈为玉帛，一句话也可以让朋友变成仇人；一句话可以功败垂成，一句话更可以改变人生。因此，怎样把话说到位，选择什么样的时机说话等，都要讲究技巧。懂得说话技巧的人，到处都会受人欢迎。

在职场上，会说话还要会听话。许多人在职场中往往话语比较多，甚至有时口若悬河、滔滔不绝，其实让交谈能顺利进行，还有一种无声的语言——听话。在恰当的时间，恰当的话题，以听为主，做谈话中的听众，给发话者以呼应，或赞成，助其深入，或反对，引其思考，也能表现出你的说话水平。我们很多人不会说话，根源就在于不会听话，职场中说话很微妙，有太多的玄机，有太多的话中话、话外音、潜台词。俗话说，“听话听音儿，锣鼓听声儿”，就是这个意思。因此，要学会说话，先要学会听话。倾听往往对人们的生活影响更深远，也更有意义。如果你听不准对方的话，就会给工作和生活带来麻烦，也会影响人际交往；如果你听不出对方的弦外之音，那么你将会遭到别人的嘲笑，或者因为自己的无礼而触怒对方。只有善于倾听才能发现问题，解决问题。

我们每天都要跟各种各样的人打交道，这就要求我们不仅要会说话，还要会听话。会听是一种水平，会说是一种艺术。运用说话或听话技巧，不仅可以化解种种矛盾，更是人际交往中不可缺少的润滑剂。说得大家都开心、听得大家都满意能帮助你拥有良好的人际关系，拓宽自己的交际视野，创造一个和谐的氛围。从古至今，那些成功的政治家、军事家、演说家，无一不是会说会听的人。可见，成功的人自有成功的技巧。我们的职场人生要想一帆风顺，就需要掌握说话和听话的技巧，不断完善自我。

在职场上，会说话、会听话的人，更能够被他人认可，也更容易被成功青睐，成为职场大赢家。为此，我们特意编写了这本书，本书通过对语言艺术的精心提炼，对高水平说话方法进行了科学的归纳，总结了职场说话听话技巧以飨广大读者。阅读本书，读者将找到提升个人说话和听话的方法和途径，从而让自己的人生变得更加成功精彩！

# 目录

Contents

## 第一章　开口是金，场面上的话要让人舒服

说话要讲场合，要顾及他人感受。同一句话，在这个时间、这个地点可以说，但在那个时间、那个地点就不能说。假如不注意场合，说一些不适宜的话，不仅会影响交流的效果，甚至会把事情搞砸。有些人在非正式场合说话文绉绉，而有些人在正式场合说话俗不可耐，这都是没有把握好场合界限的原因。



## 第二章　巧选话题，话题不对话就很难说对

写文章只要有个好题目，往往会文思泉涌，一挥而就。同样地，交谈只要有了好话题，就能使双方谈话自如。谈别人感兴趣的话题，常常可以把两个人的情感紧紧地连在一起，而且还是打破僵局，缩短交往距离的良策。

## 第三章 委婉含蓄，有内涵的语言让你魅力十足

要想有好的口才，首先就要丰富自己的内涵，提高自己的学识修养，只有这样，才能够口吐莲花，妙语连珠，倾倒众人。在职场中，话不在多而在精。用语精练，把每句话都说到别人的心里，这样才能达到事半功倍的效果。你的人生才会增添无限光彩。



## 第四章 分清场合，根据环境氛围选择语言

在职场中，说话要看场合，注意身份。在不同的场合应该说与之相应的话，这样才能达到交际的目的。尤其是有身份、有地位的人，在这种场合更要注意。很多人没有场合意识，不管什么场合，说话都习惯从主观意识出发，心里怎么想，嘴上就怎么说，丝毫不顾及他人的感受。殊不知，这样往往会冒犯他人。

## 第五章　符合身份,在领导面前巧妙表达自己的意图

身处职场,与领导相处是每个人都应精通的一门高深的学问。领导也是人,同样需要与人交流。跟领导说话,内心适度地尊重领导是应该的,态度谦虚谨慎是必要的。但你的说话能力和水平永远是最重要的。一个会说话的人,总可以流利地表达出自己的意图,也能够把道理说得很清楚、动听,使别人很乐意地接受。



## 第六章　因人而异,见什么人就说什么话

到什么山唱什么歌,见什么人说什么话,可以收到事半功倍的效果。与人交谈之前,你应该搞清楚对方的个性。假如他喜欢委婉,你就说些流利的话;假如他喜欢率直,你就说些直接的话;假如他崇尚学问,你就说点高深的话;假如他喜欢谈些琐事,你就说点浅显的话。如果你能这么做,那么保证你受益无穷。

## 第七章 耐心倾听，只有学会听才能更好地说

倾听是一门艺术，一种技巧。现实生活中，有些人以为沟通就是“听我说”。其实，能让谈话的花朵盛开的，并不是会说话的人，而是会聆听的人。好的沟通是双向的，如果只有人说而没有人听，就不可能沟通，说话的人只是制造出一些声音而已。一个善于倾听的人，往往比那种口若悬河、喋喋不休的人更受人欢迎。



## 第八章 听话听音，用心体会对方的言外之意

听话千万不可停留在表层。人们说话的方式不一样，听懂进而理解话语的难易程度不一样，有的直截了当，有的委婉含蓄，有的浅显明白，有的高深莫测。正是由于这个原因，听话不可掉以轻心。对那些欲言又止、闪烁其词的谈话要格外留意，逐字逐句地分析他们话语后面的真实含义。

## 第九章 察言观色,从小信号看透对方的真实意图

人体就好像一台发报机,每时每刻都在向外界发射许许多多的信息,发射的这些信息,有语言,但是更多的是看上去非常平常、细微的动作。对于一个身体语言解读的高手来讲,我们没有任何秘密可言。世界上没有不透风的墙。每个人内心深处的想法就好像是风,即使再厚实的墙也无法完全遮挡。



## 第十章 多听少说,学会用幽默给自己圆场

幽默是一种经过艺术加工的语言形式,是艺术化的语言。幽默常会给人带来欢乐,据统计,那些在工作中取得成就的人,并非都是最勤奋的人,而是善于理解他人和颇有幽默感的人。在人际关系紧张而复杂化的情况下,幽默说话能缓和冲突,化解矛盾,使困难的工作得以顺利进行。

# 第一章

# 开口是金，场面上的话要让人舒服

说话要讲场合，要顾及他人感受。同一句话，在这个时间、这个地点可以说，但在那个时间、那个地点就不能说。假如不注意场合，说一些不适宜的话，不仅会影响交流的效果，甚至会把事情搞砸。有些人在非正式场合说话文绉绉，而有些人在正式场合说话俗不可耐，这都是没有把握好场合界限的原因。

## 1. 初次见面，称呼要得体

在职场中，与人接触的第一句话、第一个词便是称呼了。如果不知怎么称呼对方，那很难让对方产生亲近感，从而不利于相互沟通。所以，熟识的人见面，打招呼时要亲切地称呼对方；与陌生人联系，交谈之前更要恰当地称呼，以示尊重。

陈霞是一家公司的小职员，她刚刚毕业没多久。一说起称呼，她满脸兴奋。“我应聘时就是因为一句称呼转危为安的。”在一次应聘时，由于她在考官面前过于紧张，有些发挥失常，就在她从考官眼中看出拒绝的意思而心灰意冷、垂头丧气时，一位中年男士走进了办公室和考官耳语了几句。在他离开时，她听到人事主管小声说了句“经理慢走”。那位男士离开时从陈霞身边经过，给了她一个善意鼓励的眼神，陈霞说自己当时也不知道哪儿来的灵光一闪，忙起身，毕恭毕敬地对他说：“经理您好，您慢走！”她看到了经理眼中些许的诧异，然后他笑着对自己点了点头。等她再坐下时，她从人事主管的眼中看到了笑意……

后来陈霞顺利地得到了这份工作。人事主管后来告诉她，本来根据她那天的表现，是打算把她刷掉的。但就是因为她对经理那句礼貌的称呼，让人事部门觉得她对行政客服工作还是能够胜任的，所以对她的印象有所改变，也就录用了她。

可见，一句恰到好处的称呼，在关键时刻是有很大效用的。同样地一句不恰当的称呼带给人的影响，也是很大的。在人际交往中，每个人都很敏感，都很在意别人对自己的称呼。亲切礼貌的称呼令人感到友好与尊重，相反，直呼其名或不分大小，不合时宜的称呼都是很令人反感的。因此，人与人之间开口称呼是至关重要的说话技巧。

在职场中，正确、适当、恰到好处的称呼，反映着一个人的品质素养。要选择合乎常理的称呼，同时也要照顾一下被称呼者的个人习惯。在职场中，人们彼此之间的称呼是有其特殊性的。称呼应当亲切、自然、准确、合理；而肆意妄为、大而化之的这种行为是要不得的。因为这决定着自身的教养、对对方尊敬的程度，甚至还体现着双方关系发展所达到的程度，所以不可随意称呼。

有个小伙子叫许刚，为人热情开朗、乐于助人，人品真的很不错。然而，许刚的人缘却很不好，一提起他，周围的人就直皱眉头，原因是这小子太不知天高地厚了。

单位里的许某已经37岁了，但还是一个小科员，许刚见了他张口闭口地叫“哥们儿”。有一次许某提醒他说：“我比你大十几岁吧，再怎么你也应该叫我一声‘许哥’！”可许刚却大大咧咧地说：“得了！咱们都姓许，又平级，我叫你‘哥们儿’里面不也有个‘哥’字吗？”许某气得掉头就走。

有位女同事比许刚大3岁，刚结婚一年多，许刚特喜欢跟人家开玩笑，那个同事姓林，他叫人家“林妹妹”，女同事抗议了几次，他却置若罔闻。有一天，许刚逛街时，遇到了女同事和她的丈夫，他走上去一拍同事肩膀就问：“林妹妹，这位是谁啊？”女同事的丈夫脸色当时就变了。回家以后夫妻俩大吵了一架，丈夫指责妻子太随便，竟然让一个比她还年轻的人叫出那么肉麻的称呼。从那以后，女同事见到许刚眼里就冒火。其他的同事也都对许刚乱称呼的做法非常反感，他们建立了“攻守同盟”，故意冷落许刚，和许刚作对，没几个月，许刚就自动辞职了！

许刚之所以人缘这么差，都是由于他不注意对别人的称呼引起的。

称呼可以反映出人与人之间心理关系的密切程度。恰当得体的称呼，能够使人在心理上获得很大的满足，使对方有种亲切感和被重视的感觉，因此在交往中会有良好的心理气氛；称呼不得体，往往会引起对方的不满，甚至愤怒，使交往受阻或中断。所以，在交往过程中，要根据对方的年龄、身份、职业等具体情况及交往中所处的场合、双方关系的亲密程度来决定对方的称呼。

一个妇女在街上不小心滑倒了，差点要掉到沟里，小朱飞快地跑过去把她扶起来。这时她自然很感激，说了声："谢谢你，这位大叔。"小朱不知道他当时是答应了还是没有答应。心里很不是滋味，非常不舒服，悻悻地走了。一路上，小朱耳边老是响起妇女那"大叔"的叫声。小朱心里想："难道我真的老了？可我只有30岁而已呀？如果是个小朋友叫我叔叔还能说得过去，明明年纪看起来比自己还要大，竟然称我为大叔，怎么也说不过去呀，我总还不至于老得像叔叔那样？30岁还正是男人的黄金阶段呢。"回到家里，从来不喜欢打扮的小朱对着穿衣镜足足照了半天，说："额头上是开了不少沟沟，脸皮是黑点、粗糙点，如果说我已进入老年人的行列，无论如何心理上还是接受不了。"过了好长一段时间他的心里才平静了下来。

你看，称呼他人是一门学问，若称呼不当则很容易让他人产生反感，甚至嫉恨在心，久久无法释怀。

在职场中，要想称呼用得恰当，除了要把握人们的年龄、心理外，还要注意场合、习惯、身份和职业。严肃的场合称他人为同志、先生，庄重有礼貌，如果在一般场合也这样称谓别人，那就会让他人觉得别扭，浑身不舒服，有的人甚至反感，会觉得你非常虚伪。一句"小姐"称呼，有的人听了乐滋滋，但是，对于年过六旬的老太太也这样称谓，在她听了以为你是在讽刺挖苦她。一句"师傅"似乎很通用，也把人捧得高高的，可是你这样称呼一位年轻漂亮的小姐，她会不高兴，甚至会不给你好脸色。总之，称呼是人际交往能否顺利展开的关键，对你能否有好人缘也有很大影响。一般情况下，在和人初次见面的时候，要学会用恰到好处的称呼，迅速地拉近双方之间的距离。

满足了对方需要的称呼，就是给足了别人面子，从而建立起融洽的人际关系，为拉近彼此的关系提供了良好的开端。那么，怎么称呼别人才算得体呢？

(1)考虑对方的年龄特征

见到长者，一定要呼尊称，特别是当你有求于人的时候，比如“大叔”“大娘”“老先生”“老师傅”“您老”等，不能随便喊“喂”“嘿”“骑车的”“穿红衣服的”“干活的”等，这样，会使人讨厌，甚至发生不愉快的口角。另外，还需注意，看年龄称呼人，要力求准确，否则会闹出笑话。比如，看到一位20多岁的女孩就称“阿姨”，可实际上人家没那么老，这就会使对方不高兴，不如称她“小姐”合适。

(2)考虑对方的职业特征

社会上有一些青年人，不管遇到什么人都口称“师傅”，难免使人反感。可见在称呼上还必须区分不同的职业。对工人、司机、理发师、厨师等称“师傅”，当然是合情合理的，而对农民、军人、医生、售货员、教师，统统称“师傅”就有些不伦不类，让人听着不舒服。对不同职业的人，应该有不同的称呼。比如，对医生应称“大夫”；对教师应称“老师”；对国家干部和公职人员，对解放军和民警，最好称“同志”。随着改革开放的深入发展，人们的社会交往日渐频繁和复杂，人们相互之间的称呼也就越来越多样化，既不能都叫“师傅”，也不能统称“同志”。比如，对外企的经理、外商，就不能称“同志”，而应称“先生”“小姐”“夫人”等。对刚从海外归来的港台同胞、外籍华人，若用“同志”称呼，有可能使他们感到不习惯，而用“先生”“太太”“小姐”称呼则会使人们感到自然亲切。这种称呼，也逐渐为国内的一般工作人员所接受。

(3)考虑对方的身份

有位大学生到老师家里请教问题，不巧老师不在家，他的爱人开门迎接，当时不知称呼什么为好，脱口说了声“师母”。老师爱人感到很难为情，这位学生也意识到似乎有些不妥，因为她也就比这位学生大10岁左右。遇到这种情况该怎么称呼呢？按身份，老师的爱人，当然应称呼“师母”，但人家因年龄关系可能不愿接受。最好的办法就是称呼“老师”，不管她是什么职业(或者不知道她从事什么职业)。称呼别人老师含有尊敬对方和谦逊的意思。

(4)考虑自己与对方之间的亲疏关系

在称呼别人的时候，还要考虑自己与对方之间关系的亲疏远近。比如，和你的同窗好友、同一车间班组的伙伴见面时，还是直呼其名更显得亲密无间、欢快自然、无拘无束；否则，见面后一本正经地冠以“先生”“班长”“小姐”之类的称呼，反倒显得太生疏了。当然，为了打趣故作“正经”，开个玩笑，也是可以的。在与多人同时打招呼时，更要注意亲疏远近和主次关系。一般来说以先长后幼、先上后下、先女后男、先疏后亲为宜。

(5)考虑说话的场合

称呼上级和领导要区别不同的场合。在日常交往中，如果年龄相近的话对领导、对上级最好不称官衔，以“老王”、“老许”相称，使人感到平等、亲切，也显得平易近人，没有官架子，明智的领导会欢迎这样的称呼的。但是，如果在正式场合，如开会、与外单位接洽、谈工作时，称领导为“王经理”“许厂长”“胡校长”“孙局长”等，常常是必要的，因为这能体现工作的严肃性、领导的权威性和法人资格，是顺利开展工作所必需的。

## 2. 巧用介绍，拣别人爱听的说

在职场中，介绍是最常见也是最重要的礼节之一，它是初次见面的陌生双方开始交往的起点。工作中，介绍是相互了解的基本方式。通过介绍可以缩短人们之间的距离，以便更好地交谈、更多地沟通和更深入地了解。所以，介绍在人与人之间起到桥梁的作用，它可以为进一步的交往开个好头。

有一位年轻人新近当上了董事长。上任第一天，他召集公司职员开会。他自我介绍说："我是杰利，是你们的董事长。"然后打趣道："我生来就是个领导人物，因为我是公司前董事长的儿子。"参加会议的人都笑了，他自己也笑了起来。他以幽默来证明他能以公正的态度来看待自己的地位，并对之具有充满人情味的理解。实际上他委婉地表示了：正因为如此，我更要跟你们一起好好地干，让你们改变对我的看法。他的幽默介绍确实给他的下属们留下了良好的第一印象。

自我介绍好不好，甚至直接关系到你给别人的第一印象的好坏及以后交往的顺利与否。有一位公共关系学教授说过这样一句话："每个人都要向孔雀学习，2 分钟就让整个世界记住自己的美。"自我介绍也是一样。自我介绍是日常工作中与陌生人建立关系、打开局面的一种非常重要的手段，因此，通过自我介绍被对方认识甚至认可，是一种非常重要的说话技巧。

有两个女士到一家外资企业应聘部门主管之职。面试时，考官要她们简单介绍一下自己。吴小姐说："我今年 22 岁，刚从××大学毕业，所学专业是英语。浙江人。父母均是高级工程师。我爱好音乐和旅游。我性格开朗，做事一丝不苟。很希望到贵公司工作。"

宋小姐介绍说："关于我的情况简历上都介绍得比较详细了。在这我强调两点：我的英语口语不错，曾利用假期在旅行社做过导游，带过欧美团。再者，我的文笔较好，曾在报刊上发表过 6 篇文章。如果您有兴趣可以过目。"

最后，人事经理录用了宋小姐。

自我介绍是向别人展示你自己的一个重要手段，当应聘到外企或其他用人单位时，求职者往往最先被问及的问题就是"请先介绍介绍你自己"。这个问题看似简单，但求职者一定要慎重对待，它是你突出优势和特长，展现综合素质的好机会。回答得好，会给人留下良好的第一印象。

自我介绍的具体内容，应兼顾实际需要、所处场景，并应具有鲜明的针对性，切不可“千人一面”，一概而论。

此外，在职场中还有介绍他人的情况。为他人做介绍时要尊重双方的介绍意愿，即双方都同意和对方相识，因此不论是一方请人介绍与另一方相识，还是介绍人想介绍两人相识，都要先征求双方意见，如果是一相情愿就不要勉强，否则只会令双方尴尬。

翔宇化妆品公司和一飞化妆品公司是长期的合作伙伴关系。一天，翔宇公司的张总去拜访一飞公司的王总，探讨一下新产品开发中所出现的问题以及新产品开发出来后的销售问题。

张总被秘书领进了王总的办公室。王总的办公室里还有一个人，张总并不认识他。王总看到张总，热情地跟他打招呼，却并没有向他引见另外的那个人。张总正要开口询问，王总问道：“张总，新产品开发中所出现的问题解决得怎么样了？”张总于是把问题一一说给王总听。两人简单地分析了一下问题，都觉得有必要开个会议详加研究一下，于是决定明天召集两家公司的相关负责人一起开会讨论，争取拿出解决的方案来。

随后，张总和王总又谈到产品的销售问题。王总建议把新产品给北京的四海公司代理销售。张总立刻表示反对，高声说道：“四海公司？这家公司的信誉极差，员工的素质又低，你难道不知道吗？我真不知道四海公司的总经理到底懂不懂管理。把咱们的产品给它去销售，还不如直接扔到海里去呢！”张总一口气说完，却见王总在不停地对他使眼色。张总在心里纳闷是不是自己说错了什么话。这时，那个一直坐在那里一言不发的人站起身来告辞，王总客气地把他送出门外。

王总回来后，急忙对张总解释道：“哎呀，刚才那个人就是四海公司的总经理啊！你说话的时候怎么也不注意一点呢？这下可把他给得罪了！”张总愣了愣，说：“这怎么能怪我呢？我又不认识他，我进来的时候你也没给我介绍，我哪知道他就是四海公司的总经理啊……”

从上面的故事中我们可以看出为他人做介绍的重要性。在职场上，有三种人可以做介绍人：第一种人是专职接待人员，如秘书、办公室主任等；第二种人是双方的熟人；第三种人是己方职务最高者，这仅限于为贵宾做介绍的时候。在涉外活动中，一般是由东道主的礼宾人员担任介绍人，也可以由双方各自的礼宾人员分别介绍本方人员。在多方参加的活动中由各方负责人进行介绍。可以说，做好了介绍，你也就认识了一个新朋友。只要你能灵活地掌握介绍的说话技巧，并且能很好地运用，就能在人际交往中收到立竿见影的奇效。

## 3. 用开场白效应抓住对方的心

在人际交往中，第一句话也就是你的开场白。万事开头难，但是只要开了个好头，下面的事情就顺理成章了。一个好的开场白会使你在他人面前留下良好的第一印象，为你拓展人际关系打下坚实的基础。说好你的开场白，能够赢得对方的好感，迅速地拉近彼此之间的距离，甚至让对方对你产生一见如故的感觉。

斯蒂温想拜访一家大公司的总裁，这家公司是全球数一数二的大企业。在与该公司的公关副总裁约翰·卡森进行一连串的通信与电话交谈之后，对方终于为他安排了一个会面时间。

斯蒂温苦心安排这次会谈的目的，是要对该公司的高级主管做一番推销说明，希望他们能允许他撰写一本有关此公司的书籍。因为要写成此书，斯蒂温必须要访谈该公司 150 名左右的职员，所以获得该公司管理阶层的认可是绝对必要的。如果没有这项应允，他就不可能写出这本书。当然，要获得管理层的认可是非常难的。

在与管理层的见面会上，斯蒂温起身以温婉谦和的声音说道："各位女士先生，我今天十分荣幸地在这里对贵公司的高层经理人发表谈话。贵公司真是我们国家历史上最优秀的组织之一。当我还是一名小男孩时，我便对贵公司仰慕不已。"

斯蒂温知道这一番话听起来文腔十足，但是十分见效，所以他接下去说："今天能在此对各位发表谈话，的确是我事业生涯中最精彩的时刻。毕竟，你们肩负的是这个10亿美元跨国企业的未来。今天，你们将宝贵的时间交给我，所以我要告诉你们我着手进行这本书的内容，是有关贵公司的历史，以及现今其进行专业管理的过程。"

"所有贵公司的重要决定都是由你们做出的，因此对我这本书的认可便成为你们最容易的小决定了。事实上，在与好些真正的大决策相比之下，这无疑是一件最容易决定的事情。"

"我真的很高兴你们今天能邀请我来参加这个会议，因为在20分钟后我走出这里时，我已经知道你们的决定是什么了。这正是我对你们这些顶尖主管的仰慕所在，也就是你们能将公司管理得如此成功的原因。我曾经见过一家大公司的主管们，"斯蒂温此刻将声音压低说道，"我不会说出他们的名字，但是你们绝对不相信我忍受了多大的不幸，全都因为他们无力作出决定。他们在完成任何一件事之前，都必须经过无数官僚程序的推诿搪塞。我发誓，我再也不会和这家公司共事，因为他的管理已经陷入了官僚主义中而无法自拔，以至于高层经理人无法作出重要的决定。我脑中有着许多写书的好点子，我的生命实在不需要这类的不幸。如果我意识到某家公司正令我陷入这种不幸的话，我会跨步离去，选择和其他的公司一起工作。"

斯蒂温紧接着逐章地说明这本书所要写的内容，这项解说耗费了大约10分钟。最后他又进行了5分钟的回答。在他回答完数个问题之后，最高主管说话了："我看不出我们不放手让斯蒂温写这本书的理由，他可以开始进行这本书了。有人不同意吗?”

每个人都点头表示赞同，当约翰关上他办公室的门之后，他对斯蒂温说:“如果我没有亲眼看到的话，我实在不会相信。我真的不认为在这场会议上，你的书会有任何机会能获得通过。我恭喜你完成了一项了不得的演讲。”

斯蒂温用他的“三寸不烂之舌”完成了一项颇为艰巨的任务，他精心设计的开场白起到了至关重要的作用。好的开场白才能够吸引听众的注意力。由于听众对人的第一印象会很快形成，如果开场白不能吸引他们，那么其他部分就只会白白浪费掉了。

与人交往的第一步便是怎样开始你的开场白！高尔基说过:“交谈中最难的就是第一句话，如同音乐一样，全曲的音调都是由它来决定的，一般要花较长的时间去寻找。”也就是说，与人沟通时的第一句话是非常重要的，如同音乐的基调一样。对于如何找到音乐的基调，不可不知，不可不学。在职场中，精彩的开场白有以下几种形式：

(1)独特型开场白

听众往往对那些平平淡淡的开场白不感兴趣。听众的心犹如一扇暂未打开的门，门上锁着一把重重的大锁。如你能引起他的兴趣，心门就容易打开；如果你落入俗套，心门随之就会锁得更紧。别出心裁的开场白，才能给人留下深刻的印象。

(2)名字型开场白

人的一生，都要遇到很多陌生人，而陌生人相聚，免不了要自我介绍。我们从小到大，会有很多次自我介绍和听别人自我介绍的时候，通常是自报姓名和职业，如是生僻的字眼或者行业则要向对方多解释几句。

(3)悬念型开场白

每个人都有好奇的天性，如果心中一旦有了疑团，非得探明究竟不可。为了激发起听众的强烈兴趣，可以使用悬念手法。在开场白中制造悬念，往往会收到奇效。制造悬念不是故弄玄虚，既不能连续使用，但是也不能悬而不解。在适当的时候应该把悬念解开，使听众的好奇心得到满足，而且也使前后内容互相照应，结构浑然一体。

(4)触景生情型开场白

一上台就开始言归正传，直奔主题，会给人生硬突兀的感觉，不能够让听众很轻松地接受。不妨以眼前人、事、景为话题，引申到题外，把听众不知不觉地引入演讲之中。可以谈会场布置，谈当时天气，谈此时心情，谈某个与会者形象。

4.

## 场面话不能说得太直、太具体

什么是“场面话”？简言之，就是让主人高兴的话。既然说是“场面话”，可想而知就是在某个“场面”才讲的话，这种话不一定代表你内心的真实想法，也不一定合乎事实，但讲出来之后，就算主人明知你“言不由衷”，也会感到高兴。提到场面话，很多人的第一反应都是：打官腔，假话，空话，废话。抱着这种思想的人，大错特错。在职场中，场面话不是虚伪的敷衍，而是多年来由很多人的经验总结出的放之四海而皆准的金玉良言。

有两个老工人平时爱开玩笑，几天没有见，一见面就说：“你还没有‘死’呀？”对方也不计较，回一句：“我还等着给你送花圈呢！”两个人哈哈一笑了事。后来甲因重病住进了医院，乙到医院看望，一见面就想逗逗他，又说：“你还没有死呀？”这一次，甲的脸一下子拉长了，生气地说：“滚，你滚！”把他赶了出去。

人家正在病中，心理压力很大。他在病房里对着忧心忡忡的病人说“死”，显然是没考虑场合，人家怎能不反感、恼火？其实，这位老工人说这话也是好意，想给对方开开心，只可惜他缺乏场合意识，开玩笑弄错了地方，才闹出了不愉快。这个事例说明，有些人说话所以惹恼人，并不是他们不会说话，而是场合观念淡薄，头脑中缺乏这根弦。所以，对于这些人来说，当务之急在于增强场合意识，懂得不同场合对说话内容和方式的特定限制和要求，时时不忘看场合说话。

场面话是体现一个人的智慧和情商的说话技巧。一踏入社会，应酬的机会就多了，这些应酬包括去人家做客、赴宴、会议及其他聚会等。不管你对某一次应酬满不满意，“场面话”一定要讲。有些人在交际中对人说话直出直入，惹人生气，把事情办砸，完全是主观上缺乏场合意识的结果。他们对人很诚实，遇事时往往只从个人主观感觉出发，以为只要有话就应该说，心里有什么嘴上就说什么，也不管在什么场合，结果有意无意地冒犯了人。自己还莫明其妙，不知道毛病出在哪里。

刘晓静在某机关做办事员，她是一个不会说场面话的典型。每当别人就某件事情征求她的意见时，她总是说些让人不爱听的话，完全不考虑场合。

有一次，刘晓静的部门有一个女同事穿了件新衣服到单位，别人都称赞衣服是多么的“漂亮”“合适”之类，可当这个女同事问刘晓静感觉如何时，刘晓静直接回答：“你身材太胖，不适合。”甚至还说：“这颜色你穿有点艳，不适合你的年纪。”这话一出口，刚才还兴致勃勃的女同事脸色马上就变了。不仅这个女同事觉得非常尴尬，而且刚刚大赞衣服不错的其他同事也感到尴尬。因为刘晓静说的有一部分是事实，这个女同事的身材确实有些臃肿。

虽然刘晓静有时会为自己说出的话不招人喜欢而后悔，可很多时候，她仍然喜欢说那些让人不爱听的话。久而久之，同事们把她排除在集体之外，有话题很少会想到她。到最后，部门里几乎没人主动搭理她。

刘晓静在说话的过程中并未说错话，她倒是实话实说了，但她说话时没有想到要迎合对方的心理和具体场合，不懂得挑别人喜欢的方式去说，结果得罪了别人。所以，在很多情况下，场面话我们不想说不说还不行，因为不说，会对你的人际关系造成影响。在处世中，要避免矛盾、稳中求安，场面话不可少说。场面话很虚伪，但有时候不得不说。不过，千万别太相信场面话。对于称赞或恭维的“场面话”，你要保持冷静和客观，千万别两句话就乐昏了头，因为那会影响你的自我评价。

有位理发师带了个徒弟。徒弟学艺3个月后，这天正式上岗，他给第一位顾客理完发，顾客照照镜子说：“头发留得太长。”徒弟不语。

师傅在一旁笑着解释：“头发长，使您显得含蓄，这叫藏而不露，很符合您的身份。”顾客听罢，高兴而去。

徒弟给第二位顾客理完发，顾客照照镜子说：“头发剪得太短。”徒弟无语。

师傅笑着解释：“头发短，使您显得精神、朴实、厚道，让人感到亲切。”顾客听了，欣喜而去。

徒弟给第三位顾客理完发，顾客一边交钱一边笑道：“花时间挺长的。”徒弟无言。

师傅笑着解释：“为‘首脑’多花点时间很有必要，您没听说，进门苍头秀土，出门白面书生？”顾客听罢，大笑而去。

徒弟给第四位顾客理完发，顾客一边付款一边笑道：“动作挺利索，20分钟就解决问题。”徒弟不知所措，沉默不语。

师傅笑着抢答：“如今，时间就是金钱，‘顶上功夫’速战速决，为您赢得了时间和金钱，您何乐而不为？”顾客听了，欢笑告辞。

晚上打烊。徒弟怯怯地问师傅：“您为什么处处替我说话？反过来，我没一次做对过。”

师傅宽厚地笑道：“不错，每一件事都包含着两重性，有对有错，有利有弊。我之所以在顾客面前鼓励你，作用有二：对顾客来说，是讨人家喜欢，因为谁都爱听吉言；对你而言，既是鼓励又是鞭策，因为万事开头难，我希望你以后把活做得更加漂亮。”

徒弟很受感动，从此，他越发刻苦学艺。日复一日，徒弟的技艺日益精湛。

在职场中，说场面话也是一种应酬的技巧和智慧。因此，我们要学会说场面话。比如，去别人家做客，要谢谢主人的邀请，并盛赞菜肴的精美丰盛可口，并看实际情况，称赞主人的室内布置，小孩的乖巧聪明；赴宴时，要称赞主人选择的餐厅和菜色，当然感谢主人的邀请这一点绝不能免；参加酒会，要称赞酒会的成功，以及你如何有“宾至如归”的感受；参加会议，如有机会发言，要称赞会议准备得周详；参加婚礼，除了菜色之外，一定要记得称赞新郎新娘的“郎才女貌”。

说“场面话”的“场面”当然不止以上几种，不过一般离不了这些场面。至于“场面话”的说法，也没有一定的标准，要看当时的情况决定。这种场面话所说的有的是实情，有的则与事实存在相当的差距，有时正好相反，而且这种话说起来只要不太离谱，听的人十有八九都感到高兴，而且旁人越多他越高兴。不过切忌讲得太多，要点到为止最好，太多了就显得虚伪而且令人肉麻，这样就让人看出我们的真面目了。总而言之，“场面话”就是感谢加称赞，如果你能学会讲“场面话”，对你的人际关系必有很大的帮助，你也会成为受欢迎的人。

## 5. 恰如其分的夸奖为你赢得好感

美国著名作家詹姆士有句名言：“人性中最本质的愿望，就是希望得到赞赏。”一句简单赞美的话，从我们嘴里说出来，也许算不了什么，但对被赞美者来说，意义却非同凡响。它可以使人精神振奋，为我们赢得好感。

某家公司的总经理空缺，生产部副总经理与业务部副总经理都是理想人选，最后董事会决定提升生产部副总经理。对此，能干的业务部副总经理大为不满，新总经理上任之后，深知业务部副总经理的不满，但他必须依靠业务部副总经理的推销本领，却又担心对方不合作，会暗中捣乱，他为此苦恼万分，百思不得良策。后来有一位顾问师向他建议："今后的半年内，你尽量在同事与同行面前赞美业务副总的能力。不管他怎么样，你都说他好。假如半年后他还不肯合作，就请他走开吧！"总经理按他的话去做了。没过多久，赞美的策略就奏效了。业务副总不但充分配合总经理的工作，而且还在外人的面前称赞总经理。同样的道理，能干的业务副总在学会赞美别人的同时完善了自己，后来成为下一任的总经理。

生活在这个世界上的每个人，不仅是为了面包而活着，人更需要精神食粮。渴望受人赞美是人的本性，简单的几句赞美有时能产生很大的效果，不但使人感到温馨与振奋，而且能够解决难题，甚至可以改变人的一生。

有一个外科名医述说自己当医生的经过。他小时候非常顽劣，不但功课很差，而且经常惹是生非，好几次差一点被勒令退学。就在那一段成绩糟透了，四处讨人嫌，大家都对他失望至极时，有一位老师对他说："你有一双了不起的手，将来你会靠这双灵巧的手出人头地。"老师赞美的话，有如冬天里的一缕阳光，照亮了他的心扉。他决定痛改前非，并立志要当一名外科医生。每逢困境他就会想起老师的话，并激励自己："我一定要像老师所说的一样，而且要当之无愧。"老师的一句话改变了他的一生。

你是否记得在得到老师或者是领导当众一次小小的赞美之后的美妙感觉。赞美，犹如一束温暖的阳光。有了它，我们人与人之间才会变得更加和谐，更加美好。一个经常赞扬子女的母亲会造出一个圆满快乐的家庭；一个经常赞扬学生的老师会使一个班集体团结友爱天天向上；一个经常赞扬下属的领导者会把他的机构管理成团结向上的集体。因此，我们在说话时要学会赞美别人。人人都有赞美别人的能力，只要我们主动说、经常说，让它变成一种习惯，那就行了。

刘小姐找了一个保姆，便打电话给那位保姆的前任雇主，询问了一些情况，得到的评语却是贬多于褒。保姆来的这天，刘小姐对她说："我打电话请教了你的前任雇主，她说你为人老实可靠，而且煮得一手好菜，唯一的缺点就是理家比较外行，老是把屋子弄得脏兮兮的，我想她的话并非完全可信。你穿得很整洁，人人可以看得出。我相信你一定会把家里打理得井井有条，同你人一样整洁干净。你也一定会同我相处得很好。"保姆听到刘小姐这样说，下定决心一定要好好表现，结果，她们果然相处得很愉快，保姆真的把家里打扫得干干净净，而且工作非常勤劳。

老子说："美言可以市。"意思是说如果一个人善于驾驭语言，便可以用来交换自己所需要的东西。这句话的意义体现于上述生动的故事中。在保姆正式开始工作之前，刘小姐就给她戴上了一顶高帽。"煮得一手好菜""相信你一定会把家里打理得井井有条""你一定会同我相处得很好"。这些话保姆当然爱听，因为是对她的赞赏和肯定，而对于刘小姐来说，她的目的不是赞赏保姆，而是对保姆提出这样的期望和要求。当保姆知道自己在刘小姐心中是这样的好印象之后，她会尽力做到最好，使这种好的形象一直维持下去。

在职场中，会说话的人必定是擅长"美言"的人。在夸奖中给对方提要求，是一种技巧。想让对方怎么做，就朝那个方向夸奖他，这样可以满足他被赞美、被崇拜的心理，更重要的是，他会不遗余力地为你办事，努力达到你所赞美的境界。

6.

## 注意避开语言中的忌讳

在职场上，说话的禁忌必须注意。有时候可能会因为一句话而与同事相视如仇人，抑或自己的形象受到影响，更严重的是职场人可能表达不善，会丢了工作或惹来不便。因此，在职场中与人打交道，掌握一定的说话技巧的同时，也必须注意职场上说话的禁忌。

有这样一个小笑话。有一个人请了四位同事到家里吃饭，他倒是非常真诚的，摆了一大桌酒菜。三个同事如约而至，只有一位仍不见踪影，主人在门口急得东张西望，搓手跺脚。

一个同事从里头跑出来安慰他不要着急。谁知这位老兄随口甩出一句话："该来的不来。"旁边劝他的这位同事一听，心里想："这样说，我岂不是不该来的。"咣当一声摔门而去。

里头另一位同事见状，急忙出来好言相劝。哪知这位老兄又从嘴里蹦出一句："唉！不该走的又走了。"本来相劝的同事一听，立刻怒从心起："不该走的走了，那意思不就是该走的不走。得，甭解释了，我走了。"

最后在屋里等的那位同事急忙出来帮着主人挽留客人。可惜这位老兄口才实在不佳，竟然又冒出一句："我根本不是冲他们说的。"最后那位客人一听，心想："噢，你不是冲他们说的，那不就是冲我说的吗？算了，我也不留了，一起走吧！"

这虽是一则笑话，却深刻地反映了说话技巧的重要性。语言最能表现一个人。你一张口，别人就能了解你！一个人的言谈永远是他的家庭背景和社会地位的告示牌。身在职场中的你，每天和同事、领导之间难免有话要说。然而说什么，怎么说，什么话能说，什么话不能说，都是有讲究的。

在一个航班上曾经发生了客人打架的事件，而该事件的起因却是空中乘务员的一句不得体的称呼。那是某航空公司从北京飞香港的航班，在正常的空中服务快接近尾声的时候，一位老人家向空中乘务员提出了需要一杯热开水的请求。这位空姐随即向该乘务组的乘务长说明此事，在说的过程中，她错误地使用了“老头”这一称谓，在边上坐着的一位客人听了非常不舒服，于是向乘务员提出抗议，乘务员和乘务长同时向该客人表示了歉意，客人也没有表示异议，事情本该到此结束，可那位不会得体地称呼客人的乘务员却自作聪明地解释：“老头，在北京话中也不是不尊重，我没有其他意思。我也不容易，现在还在发烧……”乘务员的话还没有说完，就被机上一批刚经历了“非典”的香港客人的愤怒和惊恐打断了。他们一听到发烧就本能地联系到“非典”，他们觉得航空公司让发烧的人员为他们服务，是对他们生命的藐视，他们要航空公司给说法。一时间，飞机上一片混乱，任乘务人员怎么解释都无济于事。这时，飞机上另外的乘客看不下去了，在劝说他们无效的情况下，与他们争执起来，继而发展到双方动手的地步，机上的乘务员也无法控制这一混乱不堪的局面。

一句简单的称呼，却引发如此大的骚乱，这是在场的每一个人都没有想到的。所以，我们一定要学会避开语言中的忌讳。语言是我们生活中不可缺少的一部分，但是日常生活中并不是所有的话都能说。这些在某种特定条件下不能说的话就是我们生活中的禁忌语言。

在一所工厂里，有几位工会干部一起去慰问一个退休老工人，有这样一段话：“您老身子真够硬朗的，今年高寿？”“七十九啦。”“人生七十古来稀，厂里数你最长寿吧？”“哪里，××活到八十四呢！”“那您老也称得上长寿亚军呀。”“不过，××去年归天了。”“哟，这回可轮到您了。”本来满面笑容的老人一听此言，脸色陡变，话锋顿收。这是因为说话者刚才接触到了老人最敏感的问题，老人肯定理解，快要轮到他归天了。

再举个例子，某人为一个同事结婚筹款赠送礼品，他笑嘻嘻地要本单位一位四十几岁的女同志“合伙”，没想到这位女同志竟伤心地哭了起来。原来她至今还未结婚，别人的喜庆勾起了辛酸的往事。但那个经办人居然不避讳，触动了对方的伤感神经，以至于令对方陷入了尴尬的境地。

我们在谈话中，必须懂得说话的忌讳。我们要注意管好自己的口，用好自己的嘴，要知道什么话应该说，什么话不应该讲。不知道所忌，就会造成尴尬，甚至失败。因此，说话要多加考虑，该说则说，不该说的千万别说。

洪总经营一生产企业，一直以来经营状况都很好，他经常招待客户和朋友到当地某酒店餐厅吃饭，他自己也十分喜欢这里的菜肴，每次他都会点些高档的菜肴来招待自己请来的客户。最近由于受经济危机的影响，企业效益不是很好，他到这里的次数没有以前多了，偶尔和朋友过来用餐，一般也只是点一些他比较喜欢的家常菜。

在这家餐厅，经常由服务员小刘提供包厢服务，所以小刘与洪总比较熟悉，对洪总的口味和习惯也比较了解，有时相互间也会开开玩笑。

这日，洪总又带了几位客户到餐厅用餐。点完菜以后，小刘随口问了句：“洪总，鲍鱼刚刚新到的，要不要来几只？”

洪总顿了下，答道：“不用了。”

小刘又随口说了句：“今天点的都是家常菜哦，要不要再加些什么菜？”

洪总看了他一眼说：“一会儿不够了我再加。”

小刘又随口说了句：“那下次有好东西帮你留着哦。”说完这句话就离开了包厢。洪总愣了半天，感觉十分郁闷，又无法向客户解释什么。从此，洪总很久都不来这家餐厅吃饭了。

隔了许久之后的一日，洪总又带些朋友过来用餐。在大厅正好碰见服务员小刘，小刘十分热情地上前问候，随口说了句："哎呀，洪总，这么长时间没见你来这里吃饭了，怎么回事呀？金融危机对你的企业影响很大吗？"

一句话吓得洪总再也不敢来这里用餐了。

说话无所忌讳会使后果无法收拾。此案例中，菜肴是令客人满意的，但在与客人沟通时，服务员语言的分寸把握不准，使得客人产生了尴尬与不适。可见，在与人交谈时，若想谈得顺畅，就应该小心对方的禁忌。若不避忌讳，信口开河，不知深浅，没有轻重，就有可能增添周折。因此，在职场中有些话是一定要忌讳的。

## 7. 及时改掉不良的口头禅

"口头禅"最初是佛教禅宗用语，本意指未经心灵证悟就把一些现成的经言和公案挂在嘴边，装作很得道的样子。演变至今，口头禅成了个人习惯用语的代名词，未经大脑就脱口而出。口头禅一般分两类：一类是职业用语经过缩略而俗成的惯用词；另一类则完全属于社会流行用语。

有调查显示，目前的白领阶层，四成以上都将"郁闷"挂在嘴边。不管是下馆子点菜还是大家一块商量去哪儿春游，有人一概以"随便"两字来回答……口头禅虽然五花八门，但日前《生命时报》联合新浪网健康频道，涉及河南、北京、上海、广东、湖南、湖北、浙江等十几个大城市人口参与的调查显示，国人最爱说的“十大口头禅”，按排名分别是：“随便”(10.5%)、“神经病”或“有病啊”(8.1%)、“不知道”(7.2%)、脏话一类(6.7%)、“郁闷”(6.5%)、“我晕”(5.6%)、“无聊”(5.5%)、“不是吧”或“真的假的”(4.8%)、“挺好的”(4.6%)、“没意思”(4.6%)。

口头禅是一种语言，也是一种习惯。习惯是平常日积月累而养成的。口头禅一旦形成，就会自觉不自觉地在平常说话里带出来。口头禅的形成，大致跟使用者的性格、生活遭遇或是精神状态有关，可以算是个人标志，同时也影响着其他人对这个人的感觉。

口头禅有积极的、上进的，像电视剧《加油，金顺》里女主人公的口头禅：加油！它会激励自己去面对困难、战胜困难。但也有的比较消极，消极的口头禅不仅让语言变得啰唆，好像长了个瘤一样，更重要的是，有些口头禅背后隐藏着一定的心理问题。有人会因为口头禅而让自己失去很多机会和朋友，因此及时改掉不良的口头禅是件很重要的事。

小李在一家外企上班，工作环境很好，待遇也不错，而且很受老板赏识。一次，公司在研究一个项目的时候，竞争的人很多，拿到了这个项目也就决定着离升职不远了，最后小李以他的聪明才智给拿了下来。老板决定与小李面谈，把这个项目的具体方案给定下来，那天小李精神特好，想着这么多人竞争，而我却能轻而易举地就把它拿下来了，越想心里越舒坦。小李来到老板的办公室，老板对着小李又是一番夸奖，面对老板的赏识，小李更是心花怒放。可是接下来的谈话，却让老板把小李请出了办公室，而且这个项目他决定重新安排给别人。原因很简单，就是小李说了一句：“靠，你放心吧，我一定能把它搞定！”

仅仅是因为一句不良的口头禅，小李到了最后的关头却失掉了机会。可见口头禅对一个人的影响力有多大。在职场中，要想改掉不良的口头禅，有效的办法是找出自己出现频率最高的粗话，集中力量首先改掉它。

养成良好的说话习惯是与别人愉快交谈的基础，也是一个人成功的奠基石。要改掉不良的口头禅，首先应充分认识到不良口头禅的危害，使自己产生对它的厌恶感。应该看到不良的口头禅是不文明的表现，是与职业人应有的形象不相称的，它可以窥视出一名职业人的精神世界，反映一个职业人的文化素养。试想，如果你时常把粗话脏话挂在嘴上，并形成了口头禅，那么当你同别人交往时，开口便来粗话，有谁还能对你产生良好的"第一印象"？又怎能不使人对你的品德产生疑问呢？再比如说，在社交场合，你新结识一位朋友，假若他衣着得体、风度翩翩，你就会觉得赏心悦目。可是一旦在不经意的言谈中，这位仪表堂堂的朋友突然冒出几句不堪入耳的脏话来，你就会像在一盘美味佳肴里突然发现了一只死苍蝇一样，对他原有的美感会马上被一种厌恶情绪所代替。古人说得好："赠人之言，重于珠玉；伤人之言，重于剑戟。"因此，你在日常生活中，应该注意从思想上强化消除"语言垃圾"和克服这种不良口头禅的动机。

著名心理学家威廉·詹姆斯说过："播下一个行动，收获一种习惯；播下一种习惯，收获一种性格；播下一种性格，收获一种命运。"习惯性脱口而出的口头禅，其实并不是毫无意义的。口头禅反映了对某一类情形的反应模式。尤其带有消极词汇的口头禅，对认知和情绪都是一种消极暗示，所以，有三类口头禅要避免。

(1)否定自己

"我不行"，"老了，不中用了"，中国人讲话时习惯自贬以示谦和，因此这类口头禅相当普遍。殊不知，贬低自我的口头禅，就相当于一条能给所有信息"挑刺"的加工渠道，让人时刻注意到自己的弱点，结果连优点也打了折扣。试想想，发言前就认定自己会怯场，那么发言时就更会因为不自信而发挥失常，这样又强化了一开始的消极评价，长此以往，形成自我挫败的恶性循环。

(2)对外界环境有偏见的

许多人还记得鲁迅笔下老是感叹"一代不如一代"的九斤老太，而现在"男人靠得住，母猪会爬树"，"人心隔肚皮"这样的口头禅也随处可见。这种语言虽说是他人或自己社会经验的积累成果，但往往夸大了事物的阴暗面，成为了一种消极的思维定式，让人在处事时容易犯以偏概全、非黑即白的认知错误，从而导致不理性的判断和行为。

**(3)过于频繁地宣泄负面情绪**

“郁闷”、“烦死了”，这些情绪词的脱口而出，往往能让不佳情绪一吐为快，适当地说能有效表达和缓解情绪。但情绪如浮云，老是徘徊不去的乌云不仅让人持续低迷，而且也让旁人觉得压抑。所以，不要光嚷“郁闷”，还要提出自己的愿望并寻求解决的办法。

语言是一种工具，对于每个人都很重要，正如骏马之于骑士，最好的骏马适合于最好的骑士，最好的语言适合于最好的思想。其中最重要的就是先要养成良好的说话习惯。所以，如果你想成功，首先需要做的就是：及时改掉不良的口头禅！

# 第二章

# 巧选话题，话题不对话就很难说对

写文章只要有个好题目，往往会文思泉涌，一挥而就。同样地，交谈只要有了好话题，就能使双方谈话自如。谈别人感兴趣的话题，常常可以把两个人的情感紧紧地连在一起，而且还是打破僵局，缩短交往距离的良策。

1.

## 提出一个对方最感兴趣的话题

在沟通上，最好选择可以迎合他人的话题，谈论别人感兴趣的事物。谈论他人最为愉悦的话题，可以说是与人沟通的诀窍。写文章只要有个好题目，往往会文思泉涌，一挥而就。同样地，交谈只要有了好话题，就能使双方谈话自如。想与对方成为朋友的最好方法，就是与对方交谈。只要你肯花一点时间，让对方谈论那些他最关心的话题，那么，他就很有可能会成为你的知己。

善于交际的小张和沉默寡言的小李初次见面的时候，小张很巧妙地把话题引向这位新朋友的相貌上。“你长得太像我的一个表弟了！我刚才差点把你当成他呢！你们俩都是大高个儿，白净脸，都有一种沉稳的气质……他也有这么一件深蓝色的西服……你们俩的样子还蛮像的！”“真的？”小李眼里闪烁着惊喜的光芒。

两个人的话匣子就此打开了。我们不得不佩服小张谈话的灵活性。他把小李和自己的表弟相提并论，也就等于在无形之中缩短了两人之间的感情距离；他又在接下来描述两人的相貌的时候，顺便巧妙地不露痕迹地赞美了对方，因而使这个不善言谈的新朋友也动了心，愿意和小张倾心交谈。实际上，每个人最感兴趣的都是关于自己的话题，特别是有关自己相貌的话题，每个人都会或多或少地表现出兴趣。在人们初次见面的时候，也总会在陌生人的面孔上寻找自己亲朋好友的影子，说“你长得好像某某某……”之类的话。因此，在和陌生人交谈的过程中，恰当地谈论对方感兴趣的话题就是一种很不错的说话技巧。

任何一个到过牡蛎湾拜访过罗斯福的人，都会惊叹他广博的知识。“无论是一个普通人、猎骑者、纽约政客，还是一位外交家，”勃莱特福写道，“罗斯福都知道同他谈些什么。”那么，罗斯福是怎样做到这一点的呢？答案其实很简单。无论什么时候，罗斯福每接见一位来访者，在这之前的一个晚上，他就会阅读这一客人特别感兴趣的东西，以便找到一些见面时对方感兴趣的话题进行谈论。

罗斯福与任何一个优秀的领袖一样，懂得与人沟通的诀窍：谈论他人最感兴趣的事情。我们可以发现，一些企业领导人的办公桌上，常会摆放着家人的照片。在与这样的领导谈生意时，如果遇到冷场，这时候不妨就先夸一夸这张照片，“是你的妻子吗？她长得很美。”“你的孩子真可爱。”“你的家庭真让人羡慕。”这时候，对方脸上的几分不快感很快就会消失，气氛马上会缓和。据说这已经成为生意场上的生意经，并且已成为人们谈判时惯用的手法。原因就是人们都不会拒绝你谈论他感兴趣的内容。谈别人感兴趣的话题，常常可以把两个人的情感紧紧地连在一起，而且还是打破僵局，缩短交往距离的良策。

有一位大学刚毕业的法律系学生，因为律师考试未能通过，只好在一家法律事务所当职员。按公司规定，试用期间每一个人在一个月内都要拉到一家新客户。可是他刚离开学校不久，又没有任何的背景，每次去拜访一些陌生的新客户，不是吃了闭门羹，就是要他回去等消息。眼看一个月的期限就快到了，他已经是心灰意冷，打算另谋出路。没想到这个时候奇迹出现了，他不但开发出一个新客户，而且还借着这个客户的引荐，一连吸收了十几家新客户。他不但没有被炒鱿鱼，反而晋升成正式职员，薪水也连跳了好几级，成了该事务所的“超级营业员”。

这个新人到底是凭着什么本领，能够找到他生命中的“贵人”呢？以下内容是他的自述：

当天，我愁眉不展地踏入那家公司，到了门口的时候，我想到以前几次的闭门羹，就更加踌躇不安。忽然我看了公关主任桌上的名牌，我想到我有办法了。

原来这位主任的名字蛮奇怪的，竟然叫作“万俟明”，而我恰好又很喜欢看传统小说，以前在看《说岳传》时，书中有个坏人的名字就叫“万俟乔”，这个人与岳飞同朝为官，但因为岳飞见他时不以礼相待，两人因此不和。后来他便迎合奸相秦桧在朝中一再攻击岳飞。在绍兴十一年时，将岳飞父子下狱治死。如果有在朝为官者替岳飞申冤，也都被弹劾，可以说是个大大的奸臣。

我看《说岳传》时年纪还小，看到“万俟乔”三个字，就不知道怎么读，所以我特地查了字典，才知道这三个字的读音。也正是因为这样，我才知道“万俟”这两个字的正确读音（万俟作为姓应读作 mòqí）。

当时我一眼看见这人的名片上写着“万俟明”，我就礼貌地向前称呼他：“万俟先生，我是××法律事务所的职员，今天特别来拜访您。”

你想不到我这句话有什么反应，我才说完这句话，对方就吃惊地站起来，嘴里结巴着说：“你……你……你怎么认识我的姓，一般人第一次都会念错，大部分人都叫我万先生，害得我总是解释一次又一次，烦死了。”

我听了以后感觉这次拜访似乎会有个好的开始，于是我接着说：“这个姓是复姓，而且又很少见，想必有来源的吧！”

对方听到这里，更是显得神采飞扬，高兴地说道：“这个姓可是有来由的，它原是古代鲜卑族的部落名称，后来变成姓氏的拓跋氏，就是由万俟演变而来的。”

我看到对方越来越高兴，于是接口问道：“那您就是帝王之后，系出名门了！”

那位万俟明先生听了后更加高兴地说下去：“岂止是这样，这个姓氏一千多年来也出了不少名人，例如，宋代有个词学名家叫万俟永,自号词隐,精通音律,是掌管音律的大晟府中的制撰官,另外写了一本书叫《大声集》。后人都尊称他万俟雅言。”

用这个少见的姓氏做话题,我和那位公关主任聊了起来,尽管我并未说明来意,更没谈什么细节,但光凭这次愉快的交谈,就让我开发出一家财团做客户。而这家财团旗下所有的关系企业,全都与事务所签下了合约,聘我们做法律顾问,为我们事务所增加了前所未有的业绩。

这位幸运的小伙子仅凭一次偶然的机会就让自己获得了巨大的成功,其关键之处还在于他巧妙地找到了一个让对方为之惊讶的话题,这种惊讶的结果使彼此双方在一个愉快的氛围里交谈,从而使对方接受了自己的真实意图。

在职场上,找到一个有趣的话题才能打开话匣子。因此,从别人感兴趣的话题入手,那么交谈的双方就能谈得非常尽兴。同时,你也就能达到自己的目的。

## 2. 想了解对方,可以巧妙发问

人与人之间的交谈离不开提问,恰当的提问不仅能让你获得信息和知识,同时还可以帮助你了解对方的需要和追求,从而达到与别人之间的沟通、交流和互助,促进事业的成功。

经人介绍,保险业务员原一平前去拜访一位建筑企业的董事长渡边先生。可是渡边并不愿意理会原一平,见面就给他下了逐客令。原一平并没有退缩，而是问渡边先生："渡边先生，咱们的年龄差不多，但您为什么能如此成功呢？您能告诉我吗？"

原一平在提这个问题时，语气非常诚恳，脸上表现出来的跟他心里想的一样，就是希望向渡边先生学习到其成功的经验。面对原一平的求知渴求，渡边不好意思回绝他。于是，他就请原一平坐在自己对面，开始向他讲述自己的经历。没想到，这一聊就是 3 个小时，而原一平始终在认真地听着，并在适当时候提了一些问题，以示请教。

最后，原一平也没有提到保险方面的事情，而是对渡边先生说："我很想为您写一份有关贵建筑公司的计划，可以吗？"渡边已经被这位诚心求教的人打动了，自然点头答应。

原一平花了整整三天三夜，把一份建筑公司计划书做了出来，这份计划书内容非常丰富，资料翔实，而且建议也非常有价值。渡边先生依照原一平的这份计划书，结合实际情况具体地操作了起来，结果效果显著，业绩在第 3 个月后就提高了 30%。渡边非常高兴，把原一平当成了最好的朋友。当然，渡边的建筑公司里的所有保险，都在原一平那里下保单了！

我们不得不承认，优秀的业务员，是世界上最会说话的人之一。有人认为与陌生人说话是一种非常困难的事情，他们会把各种"不行"想得很严重，然而，我们利用提问的方式，以对方利益或者感兴趣的东西作为发问的方向，就能使对方对你瞬间感兴趣。

因此，在说话中，你可以首先提出一个问题，根据对方的反应，再提其他问题，一步一步地接近对方。以提出一个对方一般都会感兴趣的问题开始交谈，是一种极其有用的说话技巧。每个人都有好为人师的本质，特别是自认为经验丰富和取得了一些成就的人。当我们用"求教"的方式向对方提问题时，不用 5 秒钟，你们就可以把心与心之间的距离拉得很近。因为你这么谦虚，这么真诚，几乎很少有人会拒绝你。当你求教之后再进行你的正题，向对方提出你的真实意图，往往能收到奇效。

联邦自动售货机制造公司的业务部，要求所有的推销员去从事业务时，都带着一块两米宽、三米长的厚纸板，纸上写着："要是我可以告诉您如何让这块地方每年收入300美元，你会感兴趣的，对吗？"当与顾客见面时，推销员就打开铺在柜台或者合适的地方，引起顾客的注意与兴趣，引导顾客去思考，从而转入正题。这个方法让该公司的市场不断扩大。

发问不仅是口才的问题，还是一个人的思维能力问题。提出一个问题后，你要仔细聆听对方的谈话，并注意观察对方谈话中的一切细节，积极开动脑筋，去发现新的问题、新的疑点，并立即抓住，追问下去，以使你们的交谈能够顺利进行下去。此外，你还要注意对方回答问题的态度，一旦发现他避开某些东西，你可以打断他的话，试探他的反应，也可以用眼睛带着双关的意义盯住他，持续一段时间，这时，他往往会在无意中脱口说出你最希望得到的东西。我们也可以采取另一种很有效的接近对方的发问方式，那就是"连珠炮式"提问法，一开始就提出一连串问题，使对方无法回避。

美国顶尖的图书推销员比恩在推销个人成功励志方面的书籍时常用这种方法。在见到潜在顾客时，他总是会从容不迫、平心静气地提出三个问题：

"假如，我送一套有关个人效率的书籍给您，您打开后发现内容非常有趣，您会读一读吗？"

"假如，您读过后，很喜欢这套书，您会买下来吗？"

"假如，您没有发现书中的乐趣，您把书重新塞进这个包里，把它给我寄回来，可以吗？"

比恩采用这个技巧时，几乎就没有过失败的例子。因此，这个方法已经成为一个标准，很多图书销售公司在培训推销员时，这个方法是要求推销员必须掌握的技巧。

在职场中，提问几乎人人都会，但事实上提问并不是那么简单的事情，恰当合适的提问方式能够收到良好的回应，反之则有可能遭到别人的拒绝，那么用什么样的技巧提问才能收到良好的效果呢？

**(1)注意因人而异**

俗话说:到什么山唱什么歌。同样,提问也应见什么人发什么问。每个人都有自己独立的性格色彩。有人性格外向、性情直率,对任何问题几乎都能谈笑风生,畅所欲言;有人寡言好思,情绪不外露,态度比较严肃;也有人讷于言辞,孤僻自卑,对任何问题都很敏感,甚至有点神经质。对性格外向的人,尽管什么问题都可以提,但必须注意问得明白,不要把问题提得不着边际,否则很容易使谈话“走题”;对寡言好思的人,要开门见山,简捷明了,提问要富有逻辑性,尽量提那种“连锁式”问题。比如:“你为什么会这样呢?”“后来呢?”如此等等。这样可以促使他兴致盎然、步步深入地谈下去;对那种敏感而又讷于言辞的人,要善于引导,不宜一开始就提冗长、棘手的问题,通常以他喜欢的话题,由浅入深据实发问,启发他把心里话说出来,但必须注意,绝不能向他提出令人发窘的问题。

**(2)要掌握最佳时机**

提问并不像逛大街那样随时都可进行,有些问题时机掌握得好,发问的效果才会更佳。有两个过去很要好的朋友都刚刚走上工作岗位,一个偶然的机会他们相遇了,互相询问:“你们单位待遇怎样? 你工资多高? 谈恋爱了吗?”显得既亲热自然,又在情理当中。但是,如果一位姑娘经人介绍与一位从未见过面的小伙子谈恋爱,公园门口两人准时赴约了,沉默了一会儿,姑娘抬起头来问:“你谈过恋爱吗? 工作轻松吗? 工资多少?”其结局就可想而知了。

**(3)问题提得具体**

那种大而泛的问题,往往叫对方摸不着头脑,因而也就不可能回答好。相反,问题具体了,反而可以引导对方的思路,从而得到满意的回答。

**(4)措辞要得体**

为了表达明确,避免造成麻烦和误解,提问时仔细选词择句是很重要的。所以必须要寻求最佳的表达方式。诸如“你有什么理由可说”这类问题,很容易引起对方的不快,但如果换一种措辞:“你对此事有何感想?”就可以使谈话继续下去。

**(5)语气和语调亲切自然**

必须时刻记住:对任何人提任何问题都要努力制造一种亲切友好、轻松自然的气氛,绝对不可以用生硬的或审讯性的语气和语调。否则,不但容易影响对方的情绪，还会破坏双方之间的关系，导致提问的失败。

掌握好了提问的种种技巧，便能方便地与人沟通和交流，也能为日常生活带来许多便利，同时为你的事业注入一些活力。

## 3. 不拿别人的隐私当话题

每个人都有自己的隐私。比如，恋爱的破裂、夫妻的纠纷、事业的失败、生活的挫折、成长中的尴尬……这些都是自己过去的事情，不可轻易告诉别人。所以，为慎重起见，与人交谈时，尽量不涉及隐私话题。

> 一个茶馆老板刚结婚两个月，他的妻子就生了一个小孩，邻居们赶来祝贺。老板的一个要好的朋友吉米也来了。他拿来了自己的礼物——纸和铅笔，老板谢过了他，就问他：
>
> “尊敬的吉米先生，给这么小的孩子赠送纸和笔，不太早了吗？”
>
> 吉米说：“不，您的小孩儿太性急。本该 9 个月后才出生，可他偏偏两个月就出世了，再过 5 个月，他肯定会去上学，所以我就把纸和笔准备好了。”
>
> 吉米的话音刚落，全场哄堂大笑，这时，把茶馆老板夫妇弄得无地自容。

在公开场合，吉米道出了茶馆老板妻子未婚先孕的隐私，出现这样的情况，大家当然都很尴尬了。在他人的隐私上调侃是不对的。任何一个人都有属于自己的秘密，都有一些压在心里不愿为人知的事情。在朋友之间的闲聊调侃中，哪怕感情再好，也不要把别人的隐私说出来，更不能把它们当作笑料。

莉沙是一个美丽的女郎，她通常给人留下一个热情、直率的印象。她从名牌大学 MBA 毕业后，就顺利地在一家外资银行做了经理助理。但 3 个月后，她就失去了工作。很快，她又找了新的工作，3 个月的考察期一到，她又失去了工作。在两年之内，她被解雇了 6 次。两年中，她已经由一个白领经理助理变成了服装公司的售货员，但她依然没有保住这个连高中生都可以胜任的工作。甚至连工作中的同事都不愿和她做朋友。

受到巨大打击的莉沙最后决定放弃寻找工作，结婚做个母亲。她百思不得其解自己一再失业的原因，她把一切失败都归于外界："我的热情和善良让我不能适应大公司的那种冷酷竞争和没有人情味的环境。"

为什么一个"热情善良的"名牌大学 MBA 毕业生在每个工作岗位上都不超过 3 个月就被解雇了呢？不仅如此，她连最基本的朋友也都不能留住。当与她熟知的人们得知她最后一次被解雇时，都表示这是早已在预料之中的，人们并不感到奇怪。她的同事小娜曾与莉沙有过一段密切的交往。小娜说："她对探讨别人的隐私的兴趣超出了对自己工作和前途的关心。她闲谈的能力和话题让人畏惧；她能告诉我那些道听途说的有关同事的隐私，她能谈我们在公众场所禁忌的问题；她能问及我不愿意讨论的私人问题；她把自己对某人的推论和猜测，不负责任地讲给别人听，比如认为某某可能是同性恋，某某可能是个性虐待狂。她给我一种恐怖感，与她交往，除了招惹麻烦，不会有其他的结果。"

在交际中，我们一定要尊重他人的隐私和个人空间。在每个人的内心深处，都难免存在一些不愿被他人知道的故事。每个人也都有权利隐藏自己不愿被他人知晓的故事，我们应该尊重他人隐藏这些故事的权利，要维护他人的个人空间。因此，有些话题我们需要放在心里而不是挂在嘴边。

小吴刚入职场的时候比较天真，有一天去给上司交报表，在办公室门口不巧撞见上司在电话里和丈夫吵架的场面。当时，两个人别提有多尴尬了，小吴赶忙退出去，顺便替上司把门关上。其实到这里为止，小吴都处理得很不错，可偏偏第二天在食堂碰到上司，小吴多嘴地问了一句“没事了吧”，上司的脸色立刻变了。

小吴不解，回去和同事提及此事，同事说：“老板的隐私是不希望被员工知道的，况且你看到的又不是什么好事。”不料，同事也是公司的大喇叭，平时也是八卦的人。改天全公司都知道上司和丈夫闹矛盾了。这使得小吴在公司的处境极其尴尬。

在职场中，秘密可以谈，但关键是怎么谈。不是所有私密话题都适合和同事分享，话题选择不妥当可能会给你造成一定的麻烦。也许你会给人留下不礼貌的印象，让人觉得你口无遮拦，办事不慎重。如果再被有心的第三者听到，那后果可能严重到影响你的个人职业口碑。曾有单位在网上调查显示，尽管九成以上的人认为“办公室里隐私不宜说”，但是大家又同时承认有在职场里谈论涉及私人感情、家庭关系、同事喜恶和上下级关系等隐私性内容的行为。隐私本身是一个相对而言的概念，事实上在工作环境下，绝对只谈论公事也是一件不可能的事，同一件事情在一个环境中是无伤大雅的小事，换一个环境则可能非常敏感，所以在说话时，请预想一下自己的言论是否会为自己赢得同情或带来危害，确保自己立于安全地带。

因此，在职场中说话，我们要注意不拿隐私当话题。根据以上的原则，建议以下内容在办公室里要慎重谈论：

**(1)自己或同事的工资收入**

几乎所有的公司在规章制度里面都明确写出“严禁讨论或者和别人透露你的工资”的规定。如果你高于他人，有些人肯定会心理不平衡，接着就是带着情绪上岗。

**(2)在同事面前表现出和上司超越一般上下级的关系，甚至炫耀和上**

**司及其家人的私交**

当你表示和上司有着关系的时候，也是你远离同事的开始。因为，大家都认为你是“无间道”。

**(3)私底下对同事谈论自己的过去和隐秘思想，除非你已经离开了这家公司**

过于谈论自己的过去，等于自己的门户大开，后果就是你有把柄落在别人手上。隐私，是一颗随时可爆的定时炸弹。

**(4)谈论别人的隐私甚至是上司的隐私**

无论是在公司内外，谈论别人的私生活都是极其不礼貌的，轻者给人留下口无遮拦、办事不慎重的印象，重则影响个人职业的口碑。

## 4. 说话不要“哪壶不开提哪壶”

提到说话，有人会说：“说话还不简单啦，我张嘴就来，想到哪儿就说到哪儿。”这误解可就大啦。其实，说话也有很多讲究，尤其不能“哪壶不开提哪壶”，伤害对方的面子和尊严。

据说“哪壶不开提哪壶”来自这样的一个故事：早年间，有父子俩开了间小茶馆，虽说本小，门面不大，可是由于店主热情和气、诚恳实在，加上水沸杯净，开门早、收摊晚，小茶馆越办越兴旺。知县白老爷是个贪财好利的官儿，整天不掏钱的大鱼大肉吃足了，便到小茶馆来喝茶。他一个人占一个桌子，骂骂咧咧不说，还得来点儿花生米、豆腐干什么的就嘴儿。茶喝够了就扬长而去——白喝。白老爷天天来白喝，这父子俩可怎么受得了啊，却又惹不起他，只好忍气吞声。不久，小茶馆的老掌柜病倒了，便让儿子司炉掌壶，应付生意。这几天，白老爷一端起茶杯，就龇牙皱眉吧嗒嘴，说："这水也没开，茶也没味儿。"小掌柜说："老爷，茶，还是天天为您准备的上等龙井；水，还是扑腾泛沸花的开水，怎么能没味儿呢?"过了几天，白老爷来得少了；又过了几天，白老爷渐渐不来了，小茶馆又恢复了往日的兴旺。老掌柜病愈后，便问儿子："白老爷为什么不来了?"儿子机灵地一笑，说："我给他沏茶，是哪壶不开提哪壶！"

从那时候起，这个故事就跟这句话一样，四下传开了，越传越远。不过，随着传播，这句话有了新的含义，引申为说话没有眼色，不会说话办事。把一些不该提起的话头、不该谈及的事情偏偏在不合时宜的时候说了出来。

在职场中，"哪壶不开提哪壶"的人，往往有口无心，很多让人没面子的话一顺嘴就说出来了，让人好尴尬。俗话说得好："打人不打脸，骂人不揭短。"要想与他人友好相处，就要尽量体谅他人，维护他人的自尊，避开言语雷区，千万不要戳人痛处！

在公司的主管竞聘中，老陈由于业绩未达标而被刷了下来。得知这个消息，办公室的同事们纷纷安慰他。虽然老陈并没表现得太过在意，可大家知道他心里别扭，所以背地里都商量，这段时间尽量不要提"业绩"的事。可谁知，会被周洋提起来。

一天早上，小刘边抱怨边走进办公室，说："停车位总是那么窄，我总是不敢停，真郁闷！"

"咳，别生气，把技术练好点，下次再小的地方你也敢停。"小赵笑着说。

"要不然，你可以把边上的车搬起来，腾腾地儿。"老陈也在一旁开着玩笑。

大家正说着，周洋也插嘴了："还得自己的技术过硬啊！"

"人家一直觉得自己技术不错呢。"小刘半撒娇似的说。

"自我感觉良好不行，得事实说话。"周洋边整理资料边说，

"这就跟工作一样，得看业绩和能力，光凭嘴说可不行，要是不能达标，到了关键时刻，准给你个样儿看看。"说着走出了办公室。剩下的同事面面相觑，老陈也是既尴尬又无奈地笑了笑。

由于周洋平实说话总是大大咧咧，张口就来，时间长了别人受不了。慢慢地他和同事们的关系就差了很多。

在说话中，一不小心，也许你就踏进了言语的雷区，触到了对方的隐私和痛处，犯了对方的忌讳，对听话者造成一定的伤害。因此，在职场中千万不要拆同事的台，揭别人的短。可是，有些人就是嘴没有"把门的"，越是别人不想听什么，他们越要说什么；越想忍住，反而越忍不住，总是哪壶不开提哪壶。这样下去，难免会撞上"火药桶"，引起不必要的麻烦，甚至送了小命。

朱元璋出身贫穷，后来做了皇帝。有一天，他从前的一位穷朋友从乡下赶来找他，对他说："我主万岁！当年微臣随驾扫荡庐州府，打破罐州城，汤元帅在逃，拿住豆将军，红孩儿当关，多亏菜将军。"朱元璋听他说得好听，心里很高兴。回想起来，也隐约记得他的说话里像是包含了一些从前的事情，就立刻封他做了大官。

这个消息让另外一个昔日的穷朋友听见了。他心想："同是那时候一块儿玩的人，他去了既然有官做，我去当然也不会倒霉的吧？"他也就去了。和朱元璋一见面，他就直通通地说："我主万岁！还记得吗？从前，你我都替人家看牛，有一天，我们在芦花荡里，把偷来的豆子放在瓦罐里煮着。还没等煮熟，大家就抢着吃，把罐子都打破了，撒下一地的豆子，汤都泼在泥地里。你只顾从地下满把地抓豆子吃，却不小心连红草叶子也送进嘴里。叶子哽在喉咙口，苦得你哭笑不得。还是我出的主意，叫你用青菜叶子放在一起吞下去，才把红草叶子带下肚子里去了……"

这位老兄还在那喋喋不休唠叨个没完，宝座上的朱元璋再也坐不住了，心想此人太不知趣，居然当着文武百官的面揭我的短处，让我这个当皇帝的脸往哪儿搁。盛怒之下，朱元璋下令把这个穷哥们儿杀了。这就是“哪壶不开提哪壶”的下场。

说话要顾全对方的面子和尊严，要是你“哪壶不开提哪壶”，净说些别人不爱听的话，这样是很不恰当的。每个人都可能会因为面子与别人发生过或多或少的冲突，这是因为每个人都很在乎面子。因此，在说话的时候，你也要尽量考虑到保全对方的颜面，只有这样，说服才有可能获得成功。

因此，在职场中，说话不能我行我素，想说什么就说什么，而要看对象，从对象的不同特点出发，说合适的话，创造一种和谐、融洽的气氛，达到说话的目的。

## 5. 直话易伤人，何不绕个弯儿

在现实生活中，许多人常常标榜自己是个“直肠子”，凡事有话直说。以至于得罪了很多人，给他的社交和生活带来很多不便。其实人与人之间言语的交流，有时候不妨用上点儿小技巧，直话不妨曲说。

李强是个率直的小伙子，平日里他喜欢和朋友们在一起打打牌、聊聊天，他们打牌时如果谁输了就要被惩罚拖地板。上个月，他的岳父从外地来看女儿、女婿，老人很随和而且很喜欢和年轻人一起玩。这天，李强的几个朋友来到家中找他打牌，岳父也受邀一起玩。几轮下来岳父明显是输多赢少，最后岳父成为当天最大的输家，按照惯例要被惩罚当场拖地。

朋友们看到老人家年纪大了谁都没有提出这个惩罚要求，

只有李强耿直、木讷地对岳父说道："您输了，要拖地板，拖把在洗手间里，现在就得拖，这是我们的规矩。"朋友们听了都有些惊讶，赶忙劝说道："算了，老爷子就免了吧。""不行，牌桌上无大小，输了就得罚！"李强依然坚持着。这时岳父也有些尴尬，朋友们也觉得气氛骤然变化，于是赶忙逃离了"现场"。

可见，有话直说有时候只会让人下不了台。李强的率真和耿直在这时发挥得极不合时宜，虽然岳父是个平易近人的家长，但是毕竟是长辈，说话就不能和平时一样。直言直语即使出发点是好的，也容易让人很受伤。有些善意的东西，如果能够婉转表达，别人才会产生感激的心情，才容易接受。

职场中也是如此，有很多事情是不能直来直去，有什么说什么的。特别是工作中的一些批评、带有强制性或约束性的要求，直来直去地说往往不太容易被人所接受，如果换一个角度，就可以变为一种善意的劝诫、提醒和关照。用柔和的言辞、善意的劝诫、提醒和关照的方式，曲径通幽表达批评、硬性规定和要求，就能使你的语言变得柔和而又充满人情味，从而让人欣然接受和执行。

美国第三十位总统约翰·卡尔文·柯立芝，是一个不太喜欢说话的人，但他却是一个深谙说话之道的人。据说，他曾有过一位粗心的秘书，这位秘书经常在工作中出错。柯立芝注意到这些以后并没有马上生气地批评女秘书，而是采用了幽默的行为来达到自己的目的。一天，这位女秘书穿了一件很漂亮的衣服，柯立芝见到后就非常幽默地说："今天你穿的衣服真漂亮，很适合像你这么年轻的小姐。"女秘书听了以后，非常吃惊。正当她飘飘然的时候，柯立芝接着又说："但，不要骄傲，我相信，你的公文也可以像你一样漂亮。"事后，这位女秘书的工作很少再出错了。

在这个故事中，柯立芝没有直接批评女秘书工作不认真，而是委婉地对症下药，轻松地从根本上解决了问题。女秘书在以后的工作中很少出现错误的情况,就是柯立芝委婉批评的最好回应。试想,如果柯立芝严厉地将女秘书批评一顿,那么女秘书很可能也会注意自己的问题,但肯定不会对柯立芝心服口服,而且柯立芝很可能就再也看不到女秘书靓丽的倩影和美丽的笑脸了,这样的批评很伤人。

在职场中,说话不加修饰,只会直言直语,是一种无知的表现。说话太直接往往容易遭到抗拒,别人会认为是与其过不去。只有委婉地说才能让人接受。如果可以婉转一点,让听的人有思考、斟酌的时间,反而能够达到皆大欢喜的结局。

哈姆是一名非常优秀的食品推销员,他有着一套自己的营销网络。有一天,他到老客户约克先生的商店去推销一种新产品。见到约克先生后,他刚想说"约克先生,我们又生产出一些新产品"的话来开始他们的销售谈话,但他马上意识到这样说是错误的。于是,他改口说:"约克先生,如果有一笔生意能为您带来一万英镑赢利,您会不会感兴趣?"

"我当然感兴趣了,你说吧!"约克先生非常高兴地说。

"今年秋天,香料和食品罐头的价格最起码会上涨20%,不知您是否了解这样的信息。"在约克先生摇头之后,他接着说:"我已经为您算了一笔账,这是您能够出售多少香料和食品罐头的数量。"

他边说边把一些数据记在了纸上。多少年来,他对顾客的生意情况了如指掌。这一次,他又轻松得到了约克先生很大一笔订货,都是香料和食品罐头。

在职场中,同样一句话,不同的说法,就会产生不同的效果。当你向客户苦口婆心地推销你的产品而客户仍旧无动于衷时,你为什么不换一种说法呢?所以,请记住:直话易伤人,何不绕个弯儿?现实生活中,很少有人因直言而使自己获得好处,这是成功处世的经验之谈。

## 6. 曲解话题，可增强说话效果

“曲解”指的是说话者有意违反常规和常识，对词语作歪曲甚至荒谬的解释或者临时赋予一个词语新的意义的说话技巧。这种方式往往让话语变得十分巧妙有趣。

清代大才子纪晓岚才华横溢，深得乾隆皇帝的喜爱。他不但才思敏捷，而且经常有令人赞叹的急智口才表演，在“危急”时刻经常能化险为夷。

有一次，乾隆皇帝带着几个随从突然来到军机处。此时的纪晓岚正光着膀子和军机处的几个办事人员闲聊。其他人老远就看见皇上来了，连忙起身迎上前去接驾。可见纪晓岚是高度近视，刚开始没看见走在最后面的乾隆，等他明白怎么回事的时候，乾隆就快到了。纪晓岚心中暗想：如果就这样光着膀子接驾，岂不是冒犯龙颜？干脆一不做二不休，纪晓岚趁着别人不注意钻到桌子底下躲了起来。

这一切，早被乾隆皇帝看了个真真切切，他心中一阵好笑，有心想“整整”纪晓岚。

乾隆在椅子上坐定，示意其他人都不许出声，很长时间过去了，纪晓岚在桌子底下再也待不住了，正好是大热天，加上厚厚的桌布，把他给热得大汗淋漓。纪晓岚心中纳闷：怎么进来之后就没动静了？这么长时间了，也该走了吧！想到这里纪晓岚压低了嗓门，喊道：

“喂，老头子走了吗？”

满屋子的人都听到了，大家忍不住都想乐，一听纪晓岚喊

“老头子”，心想这下可有好戏看了。

乾隆也听得真真切切，板起脸，厉声喝道：

“纪晓岚，你出来吧。”

纪晓岚一听是乾隆的声音，心想：“完了，完了，这回可真完了。”只好无可奈何地从桌子下钻出来见驾。

乾隆一看纪晓岚光着膀子，满身大汗，惊慌失措的样子，心里一阵好笑：“纪晓岚人称大清第一才子，居然这般模样。”乾隆故意装作生气的样子，大声喝道：

“大胆的纪晓岚，你不见驾也就罢了，居然还敢说朕是‘老头子’，你什么意思？今天你要讲不出个道理，朕要了你的脑袋！”

到了这种境地，纪晓岚反倒镇静了许多，一边擦汗，一边苦思对策。忽然他灵机一动，有了主意，不紧不慢地说道：

“万岁爷请息怒，刚才臣称您为‘老头子’，只是出于对您老人家的尊敬，别无他意。”乾隆一听更来气了：“尊敬？好，你给朕说说怎么个尊敬法。”

“先说这‘老’字，天下臣民每天皆呼皇上万岁，万岁，万万岁，您说这万岁、万万岁算不算‘老’啊？”

乾隆没作声，只是点点头。

“再说这‘头’字，如今皇上便是我大清国的主事之人，是天下万民之首，‘首’者，‘头’也。故此称您为‘头’。”

乾隆边听边眯着眼睛笑，很是满意。

“至于这‘子’嘛，意义更为明显。皇上您贵为天子，乃紫微星下凡。紫微星，天之子也，因此称您为‘子’。这便是我称您老人家为‘老头子’的原因。”

乾隆听完拊掌大笑：“好一个‘老头子’，纪晓岚你果然是个才子。”

在封建王朝至高无上的皇权面前，不接驾是极大的失“礼”行为，而“老头子”一词明显带有“不敬”之意。好在纪晓岚才思敏捷，运用曲解的办法巧妙应对，最终让乾隆龙颜大悦，逢凶化吉。

曲解的说话技巧其实是故意在特定的语境中，根据表达的需要，改变词语本来意义，依据其字面的组合，衍生出新的意义来为我所用。这种方法运用得当，往往能达到奇妙的效果，让你的谈话更加风趣幽默且意味深长。

有“巴蜀鬼才”之称的当代著名剧作家魏明伦，有一次回答别人提出的关于“成功秘诀”的问题时，说：“你问我成功的秘诀？有诀无秘，早已公开——喜新厌旧、得寸进尺、见利忘义、无法无天。”此言一出，满座皆惊，这说的是什么话啊？魏明伦接着解释：所谓“喜新厌旧”指的是追求创新，不守旧；所谓“得寸进尺”指的是不满足于已取得的成就，永远向更高的目标去努力；所谓“见利忘义”指的是只要有利于新时代，有利于艺术追求的就坚决去做，不受那些陈腐僵化的教条的束缚；所谓“无法无天”指的是艺术创作不受陈旧法规的条条框框的束缚，要大胆突破，勇于创新。

这番回答别出心裁，魏明伦将自己成功的原因归结为四个贬义词——喜新厌旧、得寸进尺、见利忘义、无法无天。这番出人意料的讲话自然让在场的人大惑不解，于是急于听他如何自圆其说。在接下来的话语中，魏明伦巧妙地曲解了四个贬义词的含义，将贬义词褒义化，从而引申出“追求创新”，“不满足于已取得的成就”，“不受那些陈腐僵化的教条的束缚”，“不受陈旧法规的条条框框的束缚”四个意思，圆满地呼应并解决了前面设置的悬念。这段前后反差强烈的话语幽默诙谐、意趣盎然，饱含了“巴蜀鬼才”的睿智，耐人寻味。魏明伦通过对四个贬义词的“曲解”，不仅言简意赅地介绍了成功的秘诀，而且极富幽默感，给人留下了新奇而深刻的印象。

俞仲林先生是一位国画名家，擅长画牡丹。有一次某议员慕名买了他亲手绘的牡丹，回去后很高兴地挂在客厅。一位朋友来访看到了大呼不吉利，因为这牡丹没有画完整，缺了一部分。而牡丹代表富贵，缺了一角岂不是“富贵不全”吗？议员一看也大吃一惊，认为牡丹缺了一边总是不好，拿回去准备请俞大师重画一幅。大师听了他的理由，灵机一动，告诉这位议员，牡丹代表富贵，所以缺了一边，不是“富贵无边”吗？议员听了大师的解释，高高兴兴地又把牡丹画捧回去了。

你看，巧妙曲解牡丹的含义，利己利人，可说无往不利。无论是工作还是生活中，说话都是一门艺术。在实际应用中，曲解说话是故意对某些词语的意思进行歪曲的解释，以满足一定的需要。运用曲解的说话技巧，可以增加轻松愉快的沟通气氛，或达到辛辣嘲讽的效果。这种自圆其说的说话方式不但是一种智慧的体现，运用得好时能让对方倾倒和赞叹。

## 7. 随机应变，弥补言行失误

一个人在任何时候都可能犯错，如果在某一场合说了不合时宜的话或者做了不当的事，就应该设法加以补救，而且应该紧跟着就用后话去弥补。至于怎样补救，这就要靠自己的智慧，或者虚心地向人请教。

《宰相刘罗锅》中有一个情节，刘墉在一次陪伴乾隆洗澡时不小心说漏了嘴，叫了乾隆的名讳，当时他刚说了一个“弘”字就意识到自己说错了，这时皇上已经意识到了，很不高兴，就大声质问：“‘弘’什么？”旁边的人见此情景都吓了一身冷汗。刘墉却从容不迫地跪在地上说：“弘名天下之圣君万万岁。”乾隆听了这一番恭维的话，就转怒为喜，不再追究了。

人总会有说错话的时候，不管你是谁，遇到这种处境时，千万别失了分寸，而应平和心态，采取补救的方法。人在生活当中，总有说话不当或做事不当的时候，发生这些事的时候，最重要的就是镇定自若、处变不惊，积极寻找措施来补救。这也是说话的一种技巧。

1976年10月6日，在美国福特总统和卡特共同参加的、为总统选举而举办的第二次辩论会上，福特对《纽约日报》记者马克斯·佛朗肯关于波兰问题的质问作了“波兰并未受苏联控制”的回答，并说“苏联强权控制东欧的事实并不存在”。这一发言在辩论会上属明显的失误，当时遭到记者立即反驳。福特如果当时明智，就应该承认自己失言并偃旗息鼓，然而他觉得身为一国总统，面对着全国的电视观众认输，绝非上策，于是继续坚持，一错再错，结果为那次即将到手的选举付出了沉重的代价。

相比之下，里根就表现得高明许多。一次，美国总统里根访问巴西，由于旅途疲乏，年岁又大，在欢迎宴会上，他脱口说道：“女士们，先生们，今天，我为能访问玻利维亚而感到非常高兴。”有人低声提醒他说漏了嘴。里根忙改口道：“很抱歉，我们不久前访问过玻利维亚。”尽管他并未访问过玻利维亚。当那些不明就里的人还来不及反应时，他的口误已经淹没在后来的滔滔大论之中了。这种方法，在一定程度上避免了当面丢丑，不失为补救的有效手段。

“人有失足，马有漏蹄”，失足了可以再站起来，失蹄了可以重新振作，人失言了可以用妙语去弥补。只要你有技巧，就可以补得天衣无缝。在人们的交际过程中，无论凡人名人，都免不了发生言语失误，虽然其中原因有别，但它造成的后果却是相似的，或贻笑大方，或纠纷四起，有时甚至不可收拾。那么，能不能采取一定的补救措施或者矫正之术，去避免言语失误带来的难堪局面呢？回答是肯定的。

张先生被调派到分公司工作了半年，一回到总公司，马上就赶着去问候以前很照顾他的杨科长。张先生对过去杨科长经常不辞辛苦地跑到分公司给予指导的事反复地致谢，可是，不知怎么搞的，对方反应似乎很冷淡。当张先生纳闷地走出门时，一名同事才过来告诉他："杨科长已经升为副处长了呀！"不知道对方已经升官，依然用以前的职务称呼，当然会使对方的心里觉得不舒服。张先生顿时恍然大悟，后悔自己离开总公司半年没有事先确认对方的职位是否已经有所变化，所以才失了言。但说错的话已经收不回来，怎么办？他想了想，马上返回到杨处长的办公室，开口说："杨处！真是恭喜您了！您也真是的，刚才也不告诉我一下。我在分公司难免消息不灵通。不过，错漏您升官的消息，总是我的不是，真对不起，请原谅！"

当你在上司面前失言了，千万不要慌张，而应懂得亡羊补牢。像这样巧妙地将造成尴尬的原因讲出来，并把衷心的祝贺表达出来，自然也就化解了杨处长心中的不快。在现实生活中，遇到失言这种情况，有以下几种补救办法可供参考：

(1)移植法

就是把错话移植到他人头上。如说："这是某些人的观点，我认为正确的说法应该是……"这就把自己已出口的某个错误纠正过来了。对方虽有某种感觉，但是无法认定是你说错了。

(2)引开法

迅速将错误言辞引开，避免在错中纠缠。就是接着那句话之后说："然而正确说法应是……"或者说："我刚才那句话还应作如下补充……"这样就可将错话抹掉。

(3)改义法

巧改错话的意义，当意识到自己讲了错话时，干脆重复肯定，将错就错，然后巧妙地改变错话的含义，将明显的错误变成正确的说法。

(4)将错就错法

这种方法就是在错话出口之后，能巧妙地将错话续接下去，最后达到纠错的目的。其高妙之处在于，能够不动声色地改变说话的情境，令听者不由自主地转移原先的思路，不自觉地跟着演讲者的思维走。

# 第三章

# 委婉含蓄，有内涵的语言让你魅力十足

要想有好的口才，首先就要丰富自己的内涵，提高自己的学识修养，只有这样，才能够口吐莲花，妙语连珠，倾倒众人。在职场中，话不在多而在精。用语精练，把每句话都说到别人的心里，这样才能达到事半功倍的效果。你的人生才会增添无限光彩。

## 1. 话要说得入耳，别人才愿意听

把话说得动听，通过说话给别人留下良好印象，别人才愿意听。这是会说话的一个基本技巧。说话时抓住对方的心理特点、性格等，才能使对方心服口服。人都有一个共同的特点，即都不愿意做“非出本意”的事情。如果我们不能抓住对方的心理，对症下药地去说服别人，别人是不可能接受你的观点的。

在法国有这样一位女性，被誉为最有魅力的女人，不管是任何人见到她，都会很喜欢她，实际上这得益于这个女孩儿经常说的两句话。如果你和她见面她会很真诚很惊喜地说：“您终于来了！太好了！”对方听到这句话，感觉备受尊重，心中就十分地高兴。在谈话结束客人道别的时候，她会送到门外，很依依不舍地和客人说：“您怎么就要走了，我什么时候能再见到您！”这样的话，相信没有人会不喜欢听的，当然也会喜欢上说这话的人。

一对夫妇带着孩子去看电影，没买儿童票，理由是“我们的孩子还小，用不着买票”。检票员笑着说：“瞧，你孩子这么高了，快齐您的肩膀了，你应该为为他买票而感到高兴啊！”那对夫妇脸上马上浮现出了笑意。“是啊，这小孩长得真快。”母亲笑着说。父亲也高兴地掏钱买了儿童票。

说话要抓住对方的心理，别人才愿意听。检票员正好说中了那对夫妇希望孩子快快长大的愿望，说了一句动听的话，才使那对夫妇欣然接受了检票员的意见，改正了错误。试想，当时检票员如果没好气地说，"嘿，你孩子长得这么高还不买票，你不知道没买票不能进去？出去，出去！"则那对夫妇在大庭广众下很丢面子，必然会产生反感的心理，从而反唇相讥，针锋相对，甚至可能拒绝买票，带着孩子走进影院。如此一来，电影院秩序必然会被破坏，影响观众看电影，也影响检票员的工作。人都有虚荣心，都爱听顺耳的话。话说不顺耳就会引起他人反感。所以，要想更有效地说服他人，就要先摸透人心再开口，这样往往能达到意想不到的效果。

战国时代，赵国的太后刚刚执政，秦国趁机攻打赵国，形势非常危急。赵国向盟友齐国求救，齐国虽然答应出兵支援，但有个条件，就是要求长安君到齐国做人质。长安君是赵太后最疼爱的小儿子，做人质要寄人篱下。在那个动荡战乱的年代，人质的性命常常很难保证。所以对于齐国的要求，赵太后断然拒绝。

赵国的大臣们都十分着急，纷纷劝说太后答应齐国的条件，太后非常生气，宣下旨意："谁再来劝我让长安君去做齐国的人质，我就治谁的罪。"大家一看，都不敢再开口了。

秦国的进攻日益加紧，赵国安全危在旦夕，老臣触龙看在眼里，十分忧虑，决定冒险再劝一次太后。太后听说后，怒气冲冲地在大殿等他。

触龙故意小步缓慢地走上殿堂，先谢罪说："老臣的脚有毛病，不能快走，非常失礼。很久没有来拜见太后您了，担心您的身体，今天特来问候！"

看到触龙老态龙钟的样子，太后不忍，苦着脸感慨道："我现在进出也要靠车子才行了，我们都老喽！"

"那吃饭还好吗？"触龙很关切地问。

"只能喝些稀粥，整天这么多的烦心事，哪里有什么胃口啊！"

"我的胃口也不好，但我还坚持散散步，每天走二三里路，增加点食欲。"

"唉，我可做不到。"太后叹了口气，脸色和悦了许多。

这时触龙用恳求的语调说："太后，老臣有个犬子叫舒祺，排行最小，不成材，但老臣很喜欢他，老臣想请求您让他当一名侍卫，也算为国家出些力。"

"好啊，他年少几何？"

"15岁，虽然还不大，但我想趁我活着的时候先安排好。"

"哈哈，原来男人也疼爱自己的小儿子。"太后笑了。

"当然，我喜欢这个小儿子比他妈妈还多呢。没办法，可怜天下父母心啊。"

赵太后很开心，谈话的气氛越发缓和了。

这时，触龙趁机说："老臣认为太后疼爱女儿燕后比长安君要多。"

"这怎么可能？"太后睁大了眼睛。

触龙很感慨地说："父母疼爱儿女，总是替他们做长远的打算。当年您送燕后远嫁外地，她也哭个不停。不愿意远离家乡；出嫁后，您非常想念她，但每次祭祀时总是祈祷她不要回国，好好当她的王后。这不是替她做长远打算。让她的子孙世代继承王位吗？"

"是啊！"太后点头说。

触龙进一步说："您想过没有，三代以前，甚至赵国的开国重臣，现在子孙封侯的还有吗？"

"没有。"太后想了一下说。

"是那些封侯人的子孙都不好。没有能力吗？不是的。关键是他们没有功劳。没有功绩却享受很高的俸禄，有很高的地位，时间长了就难服众啦。现在您宠爱长安君，可以提高他的地位，赐予他土地与财宝，可您不让他为国立功，您百年之后，长安君凭什么服众呢？所以我认为您没有替长安君长远打算，说明您对他的爱不如对燕后的爱。"

触龙的一席话让赵太后醒悟了，她改变了想法，同意长安君到齐国为人质。让他为解决赵国的危机出力。齐国很快出兵，击退了秦军。赵国平安了。

触龙之所以能成功地说服赵太后，其关键就在于他抓住了赵太后“爱子”的心理。面对赵太后高度戒备的心理，触龙没有直接劝说赵太后，而是从“家常话”谈起，身体状况、饭量大小等，这些老年人共同关心的话题，使赵太后产生了知音之感，她戒备的心理得以放松。接着，触龙抓住老年人爱子的共同特点，并以燕后的事例说明爱子的正确方式：若爱子必为其长远计，为长远计者不在于封侯，而在于使其立功。最后，触龙直言相劝：长安君此次出使齐国，是立功于赵国的难得的好机会。所以赵太后最终接受了触龙的劝谏。

职场说话讲究对症下药。就是要求在说服他人时抓住对方的心理，采取顺耳动听的说服方法，这也是我们所应掌握的说话技巧之一。在现今这个竞争激烈的社会中，无论你身为什么角色，在很多情况下，都需要与他人合作才能实现自己的目标。这时，你需要别人接受自己的观点、想法，然后和你共同采取一致的行动，这就需要具备说服他人的本领。

## 2. 会说好听话，让赞美有所创意

人人都渴望得到赞美，美国心理学家威廉·詹姆斯说：“人类本性上最深的企图之一是期望被赞美、钦佩、尊重。”希望得到尊重和赞美，是人们内心深处的一种愿望。社会中的每一个人都喜欢被赞美，因为那是对自己的肯定，每一个人都不喜欢遭贬斥，因为那是对自己的否定。在职场中，适当地赞美对方，是一种感化他人，拉近彼此距离很有效的方法。

我国古代有一则寓言：有一个门生出京去做地方官，先到他的老师——一个大官那里去告别。这个大官对门生说：“出外做官，很不容易。千万要谨慎小心！”门生回答：“请老师放心，门生已经预备了高帽子100顶，每人各送一顶，管叫地方上人人高兴！”老师发怒了：“我们都是正人君子，怎么可以这样呢？”门生装着无可奈何的样子说：“天下不喜欢戴高帽子的实在太少了，像您老师那样的能有几个呢？”老师听了很高兴，点点头说：“你讲得也有道理！”这门生出来对朋友说：“我的100顶帽子，现在只剩下99顶了。”

赞美实际是向对方表示一种肯定、理解、欣赏和羡慕。对方从我们的话中领会到的就是这些。如果赞美不当，就如隔靴搔痒，起不到什么作用。如果不是真心的，赞美过火，可能会让人反感，觉得我们是在拍马屁。所以，诚恳的态度是关键。只有态度诚恳，我们的赞美才能显得自然，别人才会对我们的赞美感兴趣，我们才能获得理想的效果。

某百货公司的时装专柜，在某个时间段内，客人纷纷投诉指责售货小姐服务态度不佳。若是按照常规的方法对售货小姐加以指责、罚款甚至是开除，都不会起到很大的效果。若指责或罚款，只会激起售货小姐的逆反心理，结果只是治标不治本；开除就更不用说了，再换一拨人也不见得服务态度很好。所以专柜主任用与众不同的方式解决了这件事，而且效果惊人。他没有指责那些态度不好的售货小姐，反而出人意料地对她们大肆赞扬，他对那些被客人指名的小姐说：“有客人说你很有礼貌。”“有客人称赞你服务亲切，希望今后继续努力。”这么一来，她们的待客态度便大为改变，面对任何顾客都是笑脸相迎，从而公司的业务也蒸蒸日上。

其实这样的事我们平时真是经历得不少，你看，这就是赞美的力量。渴望得到他人的赞美是人的一种天性。无论男女老少、尊卑贵贱都喜欢他人对自己的赞美。生活让人们懂得，恰当的赞美可以抬高他人的自尊，并能以此获得他们的友善与合作。

多年前，营销经理马得其曾经拜访过一位准客户，这个客户有一张很大的单子。但是他的脾气很怪异，因为他长着一个秃头，他很忌讳别人谈到他的这个部位。当时，马得其在和他交流时，曾经这样对他说："先生啊，我觉得你的头真不错啊！"客户脸上已经有了愠色，他又接着说："我爸爸也是这样的头，但是怎么梳也梳不出您的效果啊。"客户听了哈哈大笑。马得其与客户交流时，不谈生意，倒先赞美别人忌讳的部位，从而赢得客户对他的好感，可想而知，这样，他的生意自然也就好做了。

在与人们交往的过程中，恰当地运用你的赞美，你会发现人们是多么欢迎和尊重你，你也会因此获得很多朋友。赞美能给他人带来成倍的成就感与自信心，对方会对你迅速产生好感。而那些好口才者也正是抓住人性的这一弱点，说别人爱听的话，把对方说得心花怒放。

一家公司的培训部外请了一位兼职讲师。小陈旁听了那位讲师的课程，想学习一点东西。课程快结束的时候，小陈回到了办公室，对其他的同事说："没有想到他的课程这么好，想不到，真是想不到。有些人是天生适合做讲师。"过了一会儿，课程结束了，讲师走出了办公室，和大家聊天。突然问了小陈一句："你觉得这个课程怎么样？提点建议，我也好有个提高。"小陈一下子没有反应过来，他在想着怎样说才能既不恭维又恰当。旁边的同事搭腔说："他刚才说，没有想到你的课程讲得这么好。我们都要向你学习呀。"他们双目对视了一下，他脸上洋溢着幸福的笑容，从此两人的关系也从同事变成了好朋友。

每个人都渴望赞美，赞美就像是带着魔法，是最能赢得别人好感的语言。赞美对方，便会赢得对方的心。这样你便到哪儿都能够畅通无阻。在日常生活中，赞美的方法是多种多样的。比如你专心聆听一个人的倾诉，会使他认为无论自己意见正确与否，都已得到了你的重视。如果你在他倾诉的同时更在适当时候报以会心的微笑和赞许的目光，你与对方的距离绝对更近了。另外，间接赞美或背后赞美更会被悟性较高的人所接受，效果会更理想。在职场中，赞美一个人，当面说和背后说所起到的效果是很不一样的。原因就在于：你当面说人家的好话，对方会以为你可能是在奉承他，讨好他。而当你与第三个人在背后说他好话时，人家会认为你是很真诚的，是真心说他的好话，别人会很感激你。

小李眼看着自己的同事都高升了，心里很不是滋味。他也想提升自己在上司心中的形象。有一天，他在与同事们闲谈时，就故意说了他们经理几句好话："张经理这人真不错，处事比较公正，对我的帮助很大，能够为这样的人做事，真是一种荣幸。"这几句话很快就传到了张经理的耳朵里，张经理心里有些欣慰和感激。而小李的形象，在张经理心里也上升了很多。就连那些"传播者"在传达时，也忍不住对那位小李夸赞一番：这个人心胸开阔，人格高尚，难得。没过多长时间，小李就如愿以偿地高升了。

想象一下，如果有个人对你说，某某在谁谁面前说了许多关于你的好话，你能不高兴吗？这种赞美，如果是在你的面前说给你听的，或许适得其反，让你感到很虚假，或者疑心对方是否出于真心。为什么间接听来的便会觉得特别悦耳动听呢？因为你相信那个在背后说你好话的人是真心实意赞美你的。换了别人，也会有这样的想法。因此，在职场中，我们要学会赞美的说话技巧。当然，也有些人不喜欢赞美，不外乎这几种原因：一是不屑，认为赞美是趋炎附势，有损人格；二是眼光太高，看不起别人，没人值得赞美；三是以为赞美别人，自己会地位下降，相形见绌；四是不好意思，怕被别人笑话。正是由于这些原因，这些人无法掌握赞美的说话技巧，实在可惜。

不过，赞美也要恰当，做到恰如其分，要讲究艺术与技巧。下面介绍一些赞美他人的简单策略，只要我们牢记这些技巧，赞美就很容易奏效。

(1)赞美对方要找对优点

即使再差劲的人，也会有一两处值得赞美的优点。比如一个人或许没有什么优点，但玩台球的技术却很高明，或者酒量非常好，这些都可以加以利用。虽然有的人很在意自己的这些小优点，也有的人根本就不在意，但无论如何，别人赞美他，他一定会高兴的。有的人不喜欢他人赞美他显而易见的优点，因为他认为这些优点是很自然的事情，没有必要加以恭维。相反，如果是赞美他不为人所知的优点，他会很有成就感，会感到十分的受用。

(2)赞美的度一定要把握好

赞美他人并非是不讲原则，否则，就有阿谀奉承之嫌了。真正明智之人对于无休止的恭维和艳羡也并不喜欢。我们绝对不可以随随便便地恭维他人。

## 3. 注重对方面子，不要争辩

留心我们周围，争辩几乎无所不在：一场电影，一部小说，一个特殊事件，某个社会问题都能引起争辩；甚至连某人的发式与妆饰也能引起争辩。从某种意义上看，不同见解的争辩过程是寻求真理的过程。辩论就是为了探求真理，坚持真理，维护真理而相互劝说。然而由于论争的任何一方都想推翻对方的看法，树立自己的观点，故而，辩论和寻常说话不同，它是带有“敌意”的语言行为，因而有所谓唇枪舌剑之说。大凡争论留给我们的印象都是不愉快的，最容易使我们良好的交际愿望落空。因此，在职场中说话要尽量避免无谓的争辩。

在19世纪，林肯的一名年轻军官个性好强，无论什么事都爱跟人争论不休，他经常和战士们发生激烈的争吵，影响很不好。林肯因此处分了他，他告诫这个年轻人说，一个成大事的人，不能处处与别人计较，消耗自己的时间和人家争论；无谓的争论，对自己的性情不但有损害，而且会使自己失去自制力，在尽可能的情形下，不妨对人谦让一点；这就如同跟一条狗抢行，不如让狗先行一步，如果被狗咬了，你即使把这只狗打死，也不能治好你的伤口。

在与人的交往中，我们每个人因为各自的立场、身份、家庭背景以及受教育程度等方面的不同，面对同一件事情，各自的想法会不同，为人处世的方法也不同。这个时候，很容易因为观点不一致而发生争辩。无论你是出于好心想要纠正对方的“错误”观点，还是只是受自己的表现欲驱使，争辩都是一件伤感情的事情。

有一次，祝先生去岳父家吃饭，进餐时翁婿两人聊起了一条高速公路的修建问题。祝先生强调：“公路的进度一再推迟，是有关方面的一个严重错误。”而岳父则不同意，认为公路本来就不该兴建。两人你一言我一语，争论渐趋激烈。后来那位泰山大人把问题扯到“年轻人自私心重，没有环保意识”上面，显然是在批评祝先生。祝先生怕再争下去伤和气，便开始缓和气氛，他婉转地说：“可能我们的看法永远也不会合辙，可是，那没有什么，也许我们都是对的，也许我们都是错的，这也是不可知的事。”

祝先生的一席话，不仅给自己搭了台阶，也给争论双方打了圆场。避免了双方争论不休，矛盾扩大，影响感情。试想，如果祝先生意气用事地与岳父争论下去，结果会如何呢？很可能不欢而散。

在职场中，口头冲突除了浪费时间、影响感情外，其实也很难争出个输赢来。因为越到最后，双方的理智因素越少，成了每人一套理论，各说各的，谁也说服不了谁。与其这样，还不如避免口头上的正面冲突，各做各的事去，不在这上面浪费时间和感情。因此，在交谈中，要避免与人争论，学学下面的说话技巧：

(1)给对方说话的机会

让你的沟通对象有说话的机会，当对方提到了与你不同的观点时，也要让对方把话说完，不要顶牛、防护或争辩，否则只会增加彼此的误会和障碍。有的年轻人，听不得一点儿反对意见，对方还没把话说完，就开始为自己辩解。这是错误的。要先让对方把话说完，了解对方最终想表达的意思，再与人辩解。

(2)适当地保持沉默

在与人意见不合的时候，一定要保持冷静。想想这样的争辩是否有意义，对于一些根本就与你没关系，或是无关痛痒的事情，你最好是保持沉默，让对方去说好了。如果对方本就对你有偏见，或是根本就对你不熟悉，那么开口之前也要谨慎，否则你在对方心中的形象又会受损。

## 4. 迂回说话，避免惹麻烦

在生活和工作中，难免遇到一些不善的人，这些人经常给你带来麻烦事。当然，和这些人硬碰硬，只会使事情越来越糟糕。对此，我们不妨在说话时用一种迂回的说话方式，来达到我们的目的。这样既避免了冲突，又解决了问题。

有一次，在拥挤的公共汽车上，由于汽车猛地刹车，一位文雅的姑娘没有准备，猛地踩到了前面一位小伙子的脚上。由于姑娘穿的是高跟鞋，一下子疼得他无法忍受，姑娘看了看他，也不知如何解释。小伙子十分生气，但还是说了一句："没有把你的脚硌疼吧。"说得姑娘十分地不好意思。过了一会儿，小伙子突然感到一只手伸进了他的裤兜里，他抬头看见对面几个流里流气的小伙子，他旁边也站了一位，他意识到了会发生什么，于是他说了一句："伙计，你把手放错了，那是我的裤兜。"说完，他感觉到那只手抽走了。

这位小伙子碰上的两件事，他都用了避免直接表达的方式。遇到别人踩了自己的脚，这只是由于车的原因，姑娘也不是故意的，所以他在这里用了含蓄的手法，将两个人的矛盾化解了，以自己为中心，而将姑娘置于旁观者的位置，豁达地开自己的玩笑。第二件事他如果以直接的方式去做，可能会发生意想不到的后果，但是他用这种迂回的表达方法，同样化解了冲突和意外。

美国经济大萧条时期，曼莎小姐好不容易找到一份在一家高级珠宝店当售货员的工作。圣诞节的前一天，店里来了一位30岁左右的男顾客，他虽然穿着整齐干净，看上去很有修养，但很明显，这也是一个遭受失业打击的不幸的人。此时，店里只有曼莎一个人，其他几名售货员刚刚出去。

曼莎和男子打招呼时，男子不自然地笑了一下，目光从曼莎的脸上慌忙躲闪开，仿佛在说："你不用理我，我只是来看看。"

这时电话铃响了，曼莎忙去接电话，但不小心将摆在柜台上的盘子碰翻了，盘中6枚精美绝伦的金戒指掉在了地上。曼莎慌忙弯腰去捡，捡回了5枚以后，她却怎么也找不到第6枚了。当她抬起头时，看到那位男子正向门口走去，顿时，她明白了那第6枚戒指在哪里。

当男子即将推门离开时，曼莎礼貌地说："等一下，先生。"男子转过身来，两个人相视无言，足足有一分钟。曼莎的心在狂跳不止，她想："他身上会不会有枪或是匕首呢？我该怎么办？"

"什么事？"男子终于开口了。

曼莎鼓足勇气说："先生，今天是我第一次上班，你知道，现在找份工作多么不容易，您能不能……"男子用极不自然的眼光注视着她，过了好一阵子，一丝微笑在他脸上浮现出来。

"是的，的确如此。"男子回答，"我敢肯定，你在这里会干得很出色。"

男子向她走去，并把手伸给她，说："我可以为你祝福吗?"

曼莎忙不迭地点头。两人紧紧地握了握手，然后男子就转身走出了店门。这时，曼莎转身走回柜台，把手中的第6枚戒指放回原处。

通常而言，在遇到窃贼时，大多数人都会选择报警或大声喊人抓贼，但曼莎并没有这么做。理解、宽容，以人心打动人心，用迂回战术与偷盗者进行沟通，聪明善良的曼莎找到了解决问题的最好方法。在职场中，迂回含蓄是一种有效的说话技巧，是一条通向成功的捷径。在工作中，有很多尴尬的事情会不期而至，如果你采用直接沟通的方式，不但不能解决问题，反而还会使问题更加复杂，甚至造成难以预料的后果。这个时候，你不妨使用迂回说话的方式，旁敲侧击，含蓄地点明对方，这样既能化解问题，又可以保住对方的颜面。

有位营业员，接待了一位年近花甲的老大娘。老大娘选好了两把牙刷。由于营业员忙着又去接待另一顾客，老大娘道声谢后就抬脚走了。

这时营业员才想到钱还没收。

营业员一看，大娘离柜台不远，便略提高声音，十分亲切地说："大娘——您看——"

老大娘以为什么东西忘在柜台上了，便走过来，营业员举着手里的包装纸，说："大娘，真对不起，您看，我忘记把您的牙刷给包上了，让您这么拿着，容易落上灰尘，多不卫生呀，这是入口的东西。"

说着，接过大娘的牙刷熟练地包装起来，边包边说："大娘，这牙刷，每支一元，两支共两元。"

"呀，你看看，我忘记给钱了，真对不起!"

"大娘，我妈也有您这么大年纪了，她也什么都好忘!"

看，这个营业员用一个小小的"迂回术"，很自然地把大娘请了回来.又很自然地把话引到牙刷的价格上，这样一点拨，大娘也就马上意识到了。整个谈话中，这位营业员没有一个发难的词，没有一句说及钱未付，启发得十分自然，引导得十分巧妙。如果他不是使用“迂回术”，而是对着刚离开柜台的大娘喊一声：“哎，您还没付钱呢！”这样做也未尝不可并且省力多了，但是，对方会十分难堪。而使顾客难堪，对做生意是不利的。

很多时候，迂回含蓄的说话方式，既不伤害对方，有时也能保护自己。这样的方式在为人处世中起了很大的效用，因为它既维护了他人的自尊，同时又给自己留了一条退路，缓解了紧张的交谈气氛。

## 5. 不好回答的问题就巧妙回避

当人们遇到了不愿回答的问题，往往会岔开话题，去回答另一个问题。随机应变地转移话题，有时也是一种有效的说话方法。在说话中，我们常常碰到一些难于直面回答的问题，此时如果巧妙转移话题，就可以化解尴尬。

英国前首相威尔森的竞选演说刚刚进行到一半，突然有个故意捣乱者高声打断他：“狗屎！垃圾！”把他的话贬得一钱不值。威尔森面对狂呼着的捣乱者，报以微微一笑，然后平静地说：“这位先生，我马上就要谈到您提出的脏乱问题了。”那个捣乱者被他一下子弄得哑口无言了。

再看一个例子：1945年，美国在日本投下了两颗原子弹后，美国新闻界一个突出的话题是猜测苏联有没有以及有多少颗原子弹。当苏联外长莫洛托夫率领一代表团访问美国时，有记者问他：“苏联有多少颗原子弹？”莫洛托夫绷着脸仅用了一个英语单词回答："足够！"这个"足够"是个模糊概念，既可以回避有多少颗原子弹这个在当时不便公开的秘密，又表达了苏联人民的自尊和力量。言简意赅，恰到好处。

多么巧妙的答话，多么敏捷的口才啊！在一些场合，不怀好意的提问者常常预先设置一种假定的场景或情形，企图诱使我们作出符合其意愿的回答。看透了这一点之后，我们可以不去理会对方设下的前提，而另外拟出一个与此相关的，便于自己答复的先决条件，然后在这个不知不觉被偷换的条件下从容作答。对方为了掩护自己的真实意图，即使意识到我方动了"手脚"，也不会对此再加追究。此类"话题转移"的语言技巧，在日常生活中，常可收到意想不到的效果。因此，我们要学会一些转换话题的技巧，这样既能及时应付对方的发难，又不会丧失主动权。

有对青年男女在一起工作，男方对女方产生了爱慕之情，男方急于要表白心愿，女方虽心领神会，却不愿将友情向爱情方面发展，女方认为还是不要说破，保持那种纯真的友谊比较好。于是，就出现了下面的情况：

男青年："我想问问你，你是不是喜欢……"

女青年："我喜欢你借给我的那本公关书，我都看了两遍了。"

男青年："你看不出来我喜欢……"

女青年："我知道你也喜欢公共关系学，以后咱们一起交换学习心得吧？"

男青年："你有没有……"

女青年："有哇！互相切磋，向你学习，我早就有这个想法。"

男青年……

这位女青年3次都把男青年的话巧妙转移，使得男青年明白了她的想法，于是，不再问了。这比让他直率问出来，女青年当面予以拒绝，效果当然要好很多。这也是一种非常有效的说话技巧。

有一位推销商,曾挨家挨户推销闹钟,他叩开了一位主人家的门说:"先生,您应该有个闹钟,每天早晨好叫你起床。"主人回答说:"我看不要买闹钟,有我妻子在身边就足够了,你大概不知道,她能到时就闹!"

这位主人巧妙地找到了推销商推销闹钟与自己妻子之间的共同点——到时就"闹",以之为借口,暗示自己不需要买闹钟,推销商很快被主人的风趣幽默逗乐了,同时也明白对方是在拒绝和搪塞自己,肯定会知趣地走开。

一般情况下,人们在同一思维过程中,使用语言的内涵和外延都应是确定的,要符合逻辑的同一律,不能任意改变概念的范围。然而,在某些特殊场合,人们又可以利用言语本身的不确定性和模糊性来"偷换概念",使对话双方话题中的某些概念的本质含义不尽相同,以求得特殊的交际效果。在职场里,这种及时回避话题的技巧很有用处。以下是几种常用的转移话题的技巧:

(1)改换问题的指向

"避重就轻"是我们在回避问题时的有用技巧。将对方的提问进行分解或转化,只挑其中无关紧要的部分进行回答,或者只对与之相关的其他事物加以论说,而不触及问题指向的重心,以避开对方的锋芒。

(2)以诙谐应对

在一些特定的场合,对方有关严肃话题的提问往往能在顷刻间使众人把注意力聚集在我方身上,给我方造成较大的心理压力,让气氛变得紧张起来。此时,故意"不按牌理出牌",做出违反常规的回答,能够出人意料地缓解紧张情绪,营造出轻松、幽默的氛围,避免严肃的回答有可能带来的尴尬局面。

(3)增加回旋余地

某些选择性的问题,由于各项选择所代表意义的特殊性,不管我们承认倾向于哪一边,都会给自己带来麻烦,那么我们不妨跳出非此即彼的窠臼,分别肯定双方的优点,在一个动态性较大的前提下,将答案说得灵活可变,为自己留下收缩自如的退路。

（4）反守为攻

反守为攻的战略经常能给对方一个措手不及。我们在回避自己不愿作答的问题时，也可以运用这个技巧，在接过别人的提问后，反而把问题甩向对方，或者向其提出一个更具难度的问题。对方在毫无准备的情况下，只有招架功夫，并且也不好意思再把问题推向我方，我方因此而非常顺利地扭转形势，占到主动权。

（5）模糊回答

有些尖锐的问题指向的是具体的数字或时间，如实地回答会带来泄密之嫌，而故意说出一个错误的答案，又不是诚实人所为。鉴于这种让人左右为难的情况，我们不妨用一些模糊的数字或概念作挡箭牌。

## 6．暗示代替直言，效果常常更佳

当人们的思想情感不便于明确表达出来时，可以用含蓄、委婉的方式向对方发出信息，让对方有意无意地领会话语和动作中的潜在含义。这种“言在此而意在彼”的表达方式就叫作暗示。含蓄的暗示，委婉而充满智慧，它比直言更耐人寻味，更显意义隽永。

第二次世界大战后，有一位记者问萧伯纳：“当今世界上你最崇拜的是什么人？”

萧伯纳答道：“我们刚从大战中解脱出来，世界文明之所以免遭法西斯蹂躏和毁灭，实应归功于苏联红军打败了德国法西斯，而他们的统帅是斯大林元帅。要说我所崇拜的第一个人，首先应推斯大林，是他拯救了世界文明。”

记者一想，便知道了萧伯纳的话中之意，就接着说："阁下说到第一人，那么第二人呢？"

萧伯纳回答："我所崇敬的第二个人是爱因斯坦先生。因为他发现了相对论，把科学推向一个新的境界，为我们的将来开辟了无限广阔的前景，他对人类的贡献是无可估量的。"

记者又问："世界上是不是还有阁下崇敬的第三个人呢？"

萧伯纳微笑着答道："至于第三个人嘛，为了谦虚起见，请恕我不直接说出他的名字。"

记者被萧伯纳的幽默引得大笑起来，频频点头，欣然而别。

萧伯纳非常自信，也非常幽默。关于最崇拜的人，他以对世界文明作出巨大贡献为标准列举了政治的代表斯大林和科学的元勋爱因斯坦，至于第三个人，却"恕不直言"，戏谑的谦虚，巧妙的暗示，把对自己的夸赞幽默地表现了出来。

暗示是说话艺术的一种表现形式。它与油腔滑调，旁敲侧击，甚至指桑骂槐是截然不同的。好的暗示语言，应该是隐而不白、柔而不弱、闪而不避、曲而不涩。用这样的语言表达的含义可能会比直接表达给人的印象还要深刻。

一次在酒家里，一位外宾吃完最后一道菜，顺手把制作精美的景泰蓝食筷"插入"自己的口袋。这时，服务小姐看到了，但她没有当场给以难堪，而是不露声色地迎上前去，双手捧着一只装有景泰蓝食筷的绸面小匣说："先生，我发现您在用餐时，对我国景泰蓝食筷颇有点爱不释手之意。非常感谢您对这种精细工艺品的赏识。为了表达我们的感激之情，经经理同意，我们把这双图案最精美的景泰蓝食筷赠送给您，并按最优惠价格，记在您的账上，您看好吗？"那位外宾自然明白这些话的弦外音。在表示谢意之后，他借口多喝了两杯，误将食筷插入衣袋。从而，借此下了台阶。

中国的景泰蓝工艺，堪称世界一绝。某一外宾爱不释手，并想趁机浑水摸鱼，据为己有，也情有可原。但如果听之任之则国家不仅受损，而且还会引起连锁反应式的严重后果。因此，制止是必要的，但不能直言不讳地指责，那样会置对方于难堪的境地，也会引起影响形象甚至破坏国际关系的严重后果。于是，服务小姐用夸赞的方式感谢外宾对这种精巧工艺品的赏识，并另赠一双景泰蓝食筷的方式提醒对方，从而收到了良好的交际效果。

在工作、学习、社会交际中，处处都有暗示的语言在传送信息。暗示代替直言，常常会起到很好的效果。但暗示需要意会，如果你的暗示让人一头雾水或者甚至完全搞反了你的意思，那么作用就可能适得其反了。恰到好处地暗示，不在于言语和动作的多少，而在于两个人相互看一眼就会心领神会，心照不宣。

有一次，宋太祖答应要任命张思光为司徒通史。张思光非常高兴，一直引颈企望宋太祖正式任命，但是等来等去始终没有下文。张思光实在等得不耐烦，只好想办法暗示。一天，张思光故意骑着一匹奇瘦无比的马去晋见宋太祖。宋太祖觉得很奇怪，于是问他："你的马太瘦了，你一天喂它多少饲料呢？"张回答："一天一石。"宋太祖又疑问道："不少啊！为什么每天喂一石饲料，这马还会这么瘦呢？"张又冷冷地答道："我是答应每天喂它一石啊！但是实际上并没有给他吃那么多，它当然会那么瘦呀！"宋太祖听出了言外之意，于是马上下令正式任命张思光为司徒通史。

当别人的做事方法和态度不符合你的要求，你如果当面指责，就有可能造成对方对你的抵触情绪，从而容易把事情搞砸。而巧妙暗示，则能使人们易于改正他们的错误。因为暗示可以让对方意识到自己的错误的同时，维持对方的自尊，让对方感受到你的良苦用心，从而使他把事情办得更好，而不是反抗或抵触。有时候说话办事，由于种种原因不方便直接开口，这时就可以用暗示来投石问路。委婉含蓄的暗示语言，具有直截了当的语言所达不到的效果，可以在避免双方尴尬的同时，让对方对自己的意思心领神会。

在职场中，一般的暗示概括起来大致有如下几种，掌握了这些暗示，你就既可以在自己做事的时候运用，也可以捕捉对方的暗示：

(1)用笑话故事暗示

讲笑话故事可以暗示对方。在笑话和故事中依靠某种隐蔽的观点，以便使他人形成一种印象，认为这些观点正是自己思维的产物，并于脑中形成思维定式。

(2)用诙谐的语言暗示

以幽默的语言或随意说笑的方式，向暗示者传递信息，既可以表意，又可以让气氛融洽。

(3)岔开话题暗示

说话时故意把话题引开，以暗示自己的心里另有想法。

(4)从侧面暗示

从侧面提出一些看似与主题无关的话题，以此来达到启示、提醒、劝阻、教育他人的目的。反过来，你也可以领会对方侧面说话的意图。

(5)用比喻暗示

用比喻的方式进行暗示，就是以谈论类似的或相关的事物的方式来向对方表示自己内心的真实想法。

(6)反问暗示

由于反问暗示的谜底被深深埋藏在谜面之下，所以反问暗示的效果在很大程度上取决于对方的敏感程度。

(7)借物暗示

借物暗示就是在同一语境中，故意说起其他事物来表达心声。

我们在运用暗示时，要尽可能做到适度、生动、风趣，要真正体现出暗示的智慧。

# 7. 管好自己的嘴，不说过头话

俗话说：“病从口入，祸从口出。”职场上，我们每天和同事、领导之间要有所沟通。说什么，怎么说，什么话能说，什么话不能说，都应讲究。可以说，在职场上说话也是一种艺术。很多时候，有些人吃亏就是因为没能管住自己的嘴巴。

马谡系谋士马良之弟。自幼熟读兵书，但摄入得多，消化得少；由于能够得到刘备的信任和诸葛亮的赏识，又养成了自高自大、动辄口出狂言的脾气。建兴六年，诸葛亮出师北伐，想到了咽喉之地街亭必须派重兵留守，便问：“谁敢引兵去守街亭？”言未毕，马谡毫不犹豫地抢言：“某愿往。”可见其心性浮躁，好大喜功。当孔明指出街亭要地易攻难守时，马谡却不屑地说：“某自幼熟读兵书，颇知兵法。岂一街亭不能守耶？”其狂妄自大，骄傲轻敌的思想已昭然若揭。当诸葛亮委婉地指出对手非同小可，难以胜之时，马谡更是口出狂言，不仅把对手贬得一钱不值，还以全家性命为担保立军令状，狂妄得已经失去了理智。结果呢？他还是因为自己指挥无方，又犯下调度错误致使蜀军溃败而被问斩。

《三国演义》中蜀军失街亭事件正是好大喜功的马谡口出狂言所致。现实生活中，像马谡这样的狂人又有多少呢？“谦受益，满招损”，这是再浅显不过的道理。但很多人忽略了说话应该给自己留些余地的道理，只要嘴巴一张，便是狂言乱飞，甚至不惜以贬低他人的手段，来显示自己伶牙俐齿的“嘴功”。而恰恰正是这种所谓的“嘴功”，在关键时刻最易掉链子,暴露出力不从心的低能,以至误事误人也误己。

人生在世,无论是做人还是做事,都要学会留有余地。不留余地好比棋的僵局,即使没有输,也无法再走下去。记住:“话不可说满,事不可做绝。”话说满了就没有台阶可下,事做绝了等于自掘坟墓。杯子留有空间,就不会因加进其他液体而溢出来;气球留有空间,便不会因再灌一些空气而爆炸;人说话留有空间,便不会因为“意外”而下不了台,因而可以从容转身。

2002 赛季的 NBA 刚开打不久,对新加盟火箭队的中国姚明嗤之以鼻的原 NBA 球星巴克利在 TNT 电视台的“NBA 内部秀”节目上滔滔不绝,并口出狂言,如果姚明能够在本年度的任何一场常规赛上得到 19 分,他就会去“亲吻”同事——当年火箭队夺冠的功臣肯尼·史密斯的屁股。这句话经过若干次“误传”后,到姚明的耳朵时就成了“如果姚明得到 19 分,巴克利就会亲吻姚明的屁股”。姚明听了后就笑着说:“那好,我就拿 18 分算了。”

结果火箭队在客场挑战湖人队时,姚明攻下了 20 分,在为自己赢得尊重的同时,也把巴克利逼入“绝境”。而肯尼·史密斯在得知姚明得了 20 分后欣喜若狂,表示一定要让巴克利履行诺言。巴克利要非常难堪地去应付他的“赌债”,尽管巴克利“履约”时的对象只是替身——驴屁股,尽管那镜头不一定适合小孩和几位敏感人物,但这一幕对巴克利来说实属“恐怖”。不日,镜头聚焦、强光灯灯光闪耀,在周围发出的一阵狂笑声中,巴克利一脸难堪地蹲下身去,无奈地、痛苦地朝“肯尼·史密斯”的屁股啃去……

上述场面并非无稽虚构,而是全世界从 NBA 球星到球迷无人不知、无人不晓的“吻屁股佳话”。然而人们在评、传这则“吻屁股”故事之余,感想更多的并不是“吻屁股”本身,而是妄尊自大、口出狂言之祸!

张曼的小孩要上初中,想进一所好学校,小陈在与张曼的闲谈中知道了这件事之后，主动请战，他说认识教委的人，和他们很熟，而且话说得很坚决。还告诉张曼不要再找别人了，他指定能办成。于是，张曼把宝都押在了他的身上。谁知道都要开学了，小陈也没把事情办成。小陈把话说得太绝对，不给自己也不给他人留有余地，结果把事情弄得一团糟。

有的人在说话时，为了强调自己的观点，动不动就说“绝对”怎么样，把话讲得斩钉截铁，不留半点余地，以致在特定情况下，使自己进退维谷，颇为尴尬。因此，会说话的人就不会感情冲动、头脑发热，也不会把话说得过于果断，避免把自己的退路全都封死。俗话说：“人情留根线，日后好相见。”以防日后还有打交道的时候。我们生活中很多不愉快的事儿，起源多在口无遮拦上。要想在公司里得到发展，在社会生活上被人们所承认，就必须了解到这一点。如此才可避免出现尴尬的局面。

在现代化的信息社会里，时代对于人才素质的一个基本要求就是要具有较强的交流信息的语言表达能力。一个善于说话的人，一定要管住自己的嘴。

# 第四章
# 分清场合，根据环境氛围选择语言

在职场中，说话要看场合，注意身份。在不同的场合应该说与之相应的话，这样才能达到交际的目的。尤其是有身份、有地位的人，在这种场合更要注意。很多人没有场合意识，不管什么场合，说话都习惯从主观意识出发，心里怎么想，嘴上就怎么说，丝毫不顾及他人的感受。殊不知，这样往往会冒犯他人。

## 1.公开场合，说话应注意身份

在职场中，说话要看场合，注意身份。场合有庄重与随便之分，正式与非正式之分，公开与私下之分。在轻松愉快的场合谈论那些严肃的话题或枯燥无味的学问，肯定会惹人厌烦；而在庄重严肃的场合开那些无聊的玩笑，就会让人觉得你太过轻浮，不识大体。在不同的场合应该说与之相应的话，这样才能达到交际的目的。

有一次，美国总统里根在国会开会之前，为了试验麦克风是否好使，张口就说："先生们请注意，5 分钟之后，我将对苏联进行轰炸。"一语既出，满堂哗然。里根在错误的场合、时间里，开了一个极其不当的玩笑。因此，苏联政府提出了强烈抗议。这说明，在庄重严肃的场合是不宜开玩笑的。

在正式场合说话应当严肃认真，事先要有所准备，不能随便乱扯一气。在正式、公开的场合，比如，谈判、辩论、作报告、演讲、会议发言、答记者问、主持节目、讲课，以及外事活动等情况下，就应该尽量选准词语，把握分寸，绝不可信口开河、胡言乱语。尤其是有身份、有地位的人，在这种场合更要注意。

有一次，美国作家马克·吐温参加了道奇夫人举行的家宴。宴会不久就出现了一种让人尴尬的情况：每个人都在跟自己身边的人谈话，慢慢地，大家的声音越来越高，整个会场乱糟糟的一片，简直不像是在举行宴会，而是处在热闹异常的集贸市场之中。

道奇夫人面露不悦之色，但她也不能扫了大家的兴致，马克·吐温也觉察到了这些，但如果在这时要求大家安静下来，其结果肯定会惹人不快，甚至闹得不欢而散。怎么办呢？

马克·吐温心生一计，便对邻座的一位太太说："要让他们安静下来有一个好办法，您把头歪到我这边来，仿佛对我讲的话听得非常起劲，我就压低声音讲话。这样，旁边的人就因为听不到我说的话，就特别想听我们交谈的内容了。我只要叽叽咕咕一阵子，你就会看到，谈话会一个个停下来，接着便会一片寂静，除了我的声音之外，不会再有其他任何声音。"

那位太太起初不相信，但她还是按马克·吐温的话做了。于是，马克·吐温低声讲了起来："11 年前，我到芝加哥去参加欢迎格兰特将军的庆祝活动，第一个晚上设了盛大的宴会，到场的退伍军人有 500 多人。坐在我旁边的是玻尔先生，他耳朵不是很灵便，有个聋子常有的习惯，不是好好说话，而是大声地吼叫。他有时候手拿刀叉沉思五六分钟，然后会突然一声吼叫，吓你一跳。"说到这里，道奇夫人那边桌子上的嘈杂声果然小了下来，人们开始好奇地看着马克·吐温，寂静沿着长桌蔓延开来。马克·吐温用更轻的声音一本正经地讲了下去："在玻尔先生不作声时，坐在我对面的一个人对他邻座讲的故事快讲完了。在结尾的时候那位先生露出了身上的几处伤痕，真是让人大吃一惊……"

此时，餐厅里一片寂静，马克·吐温的目的已经达到。他见时机已到，便开口说明为什么要玩这个游戏。他是想请大家记住——参加宴会的人要有素养，要注意必要的礼仪，还要顾及他人的感受，在谈论的时候最好一个一个来，而其余人都要全神贯注地倾听。人们愉快地接受了马克·吐温的建议，在晚上其余的时间里，大家都过得很开心。而马克·吐温先生也很得意。

公共场合的礼仪对于每一个人来说都是必要的。在一些公共场合，如果只顾自个儿的高谈阔论而不顾及他人感受，必然会招致他人的厌烦和反感，那么即使你的口才再好，也只会增加一点儿别人鄙夷的眼光。因此，说话要分场合，要注重礼仪，要知道什么时候该说，什么时候不该说，这样的说话方式别人才爱听。

在职场中，很多人没有场合意识，不管什么场合，说话都习惯从主观意识出发，心里怎么想，嘴上就怎么说，丝毫不顾及他人的感受。殊不知，这样往往会冒犯他人。

小王是位专业的司仪。一天，他被人请去主持婚礼。按照家乡风俗，新郎、新娘要入席吃菜用饭，接着再一桌一桌地给客人敬酒。新郎新娘在众人的簇拥下入席，来宾们也分别入席。第一盘盛满喜糖和糕点的盘子，由一个帮忙的伙计端了上来。可是就在伙计把盘子放在桌子上的时候，只听“咔嚓”一声脆响，盘子裂开了。宾客们听到刺耳的声音，目光全都集中过来。端盘子的伙计吓了一跳，慌了神，脱口而出：“怎么是个破货？”话音落地，现场的气氛一下子紧张起来。见此场景，经验丰富的司仪小王灵机一动，高声说：“大喜、大喜，这叫破旧立新，‘碎碎’平安。”一句话使现场紧张的气氛重新变得欢腾起来。

众所周知，结婚是人生大事，举办婚礼的日子是喜庆吉祥的日子。由于小伙计说话水平有限，一句不中听的话就把喜庆欢乐的气氛给弄僵了。幸亏司仪反应灵敏，能说会道，一句好听的话又圆了场。一些人之所以说话容易惹恼他人，主要是由于他们的场合观念淡薄。因此，对这种人来说，当务之急就是加强场合意识，懂得不同场合对说话内容和方式的特定限制和要求，时时不忘看场合说话。俗话说：“到什么山唱什么歌。”要想受到他人的欢迎，你就必须注意在什么场合说什么话，才能尽快融入到当时所处的环境中去；假如不注意场合，率性而为，就会破坏交际效果，成为一个不合时宜、不受欢迎的人。

2.

## 真诚的语言，更能打动人

俗话说，精诚所至，金石为开。与人交谈，贵在真诚。真诚是通往人们心灵的桥梁。要想使你说话和表达产生共鸣，需要来自你内心深处的声音，先要感动自己然后感动别人，不为说话而说话，应以倾诉内在心灵，以心灵的沟通为主要，即可动人以情，并产生强烈的共鸣。不要去追求华丽的辞藻和假装的深沉。朴实无华的语言会显得格外的亲切，也就具备强大的感染力。说话真诚就能如实地达意，使听者感到舒适，产生美感，这样的说话就成了艺术。

北宋词人晏殊素以说话真诚著称。在他14岁时，一次参加殿试，真宗出了一道题让他做。晏殊看罢题后，对真宗说："陛下，10天以前我已经做过这个题目了，草稿还在，请陛下另外出个题目吧！"真宗见晏殊如此真诚，感到他很可信，便赐予他"同进士出身"。晏殊任职期间，每逢假日，京城的大小官员都会在外边吃喝玩乐。晏殊因为家里比较贫穷，没有钱出去玩乐，所以只好在家里和朋友们闭门读书。有一次，真宗点名要晏殊担任辅佐太子一职，许多大臣都不理解。真宗解释道："近来群臣经常出门游玩饮宴，唯有晏殊与弟兄们每天读书写文章，如此自重谨慎，难道不是最合适的人选吗？"然而晏殊却向真宗谢恩后说："其实我也是个喜欢游玩的人，但因家里贫穷无法出去。如果我有钱，也早就去参与宴游了。"真宗听后，更加赞叹晏殊说话的真诚，对他也更加信任。

由此可见，真诚的语言，不论对说话者还是对听话者来说，都至关重要。说话的魅力，不在于说得多么流畅，多么滔滔不绝，而在于是否善于表达真诚。我们在观看影视、戏剧节目或者是阅读文学作品的时候，之所以能够被里面的语言和情节所感动，多是因为真诚。如果没有生活，胡编乱造，可能就不会吸引人。连烧香拜佛也讲究"诚则灵"，商场上的语言也需要真诚。因为人都有一个基本的分辨能力，花言巧语只能欺骗少数人，多数人是不会上当的。如果遇到不那么厚道的人，还会弄得非常尴尬。人与人之间，无论是雇主关系，还是朋友关系；无论是亲戚还是顾客，相互之间都应真诚相待。那么，我们该如何换来他人对我们的真诚呢？答案很简单，只有七个字：用真诚换取真诚。

有一位老师写了一本有关"思想政治工作方法"的书，出版社没有给他稿费，而是让他自行推销 1000 册作为报酬。对那位老师来说，这远比讲课要难得多。为了把书推销出去，他在党校学员队里搞了一次演讲，他说："……当老师的在这里推销自己写的书，总不免有些尴尬。不过，如今作者也很难，写了书，还得卖书。出版社一下压给了我 1000 册，稿费一文没有，所以我不推销不行。这本书写得怎样，我自己不好评说。不过有两点可以保证：第一，这本书是我用 3 年时间完成的，是我心血的结晶；第二，书的内容绝不是东拼西凑抄下来的，是我自己长期思考的见解。前不久，这本书被思想政治工作研究会评为社科类图书的二等奖，这是获奖证书。说实话，对于我们这些教书匠来说，搞推销比写书还觉得难，只是硬着头皮来找大家帮忙。不过，买不买完全自愿，绝不强迫。如果觉得这本书对你有用，你又有财力就买一本，算是帮我一个忙。谢谢。"这位老师的演讲一下子产生了良好效果，一次就卖掉了 300 多册。

这位老师不是专职的推销员，但是却获得了成功。从某种意义上说，他的成功在于恰到好处地表达了自己的真诚，从而赢得了听众的信赖。这表明，在讲话中学会表达真诚要比单纯追求流畅和精彩更重要。与人打交道时，你存在防备、猜疑的心理，不能敞开自己的胸怀，讲真话、实话，总是遮遮掩掩、吞吞吐吐，令人怀疑，是无法搞好人际关系的。

当松下电器公司还是一个乡下小工厂时，作为公司领导，松下幸之助总是亲自出门推销产品。每次在碰到砍价高手时，他总是真诚地说："我的工厂是家小厂。炎炎夏日，工人们在炽热的铁板上加工制作产品。大家汗流浃背，却依旧努力工作，好不容易才制造出了这些产品，依照正常的利润计算方法，应该是每件××元承购。"

听了这样的话，对方总是开怀大笑，说："很多卖方在讨价还价的时候，总是说出种种不同的理由。但是你说的很不一样，句句都在情理之中。好吧，我就按你开出的价格买下来好了。"

松下幸之助的成功，在于真诚的说话态度。他的话充满情感，描绘了工人劳作的艰辛、创业的艰难，语言朴素、形象、生动，语气真挚、自然，唤起了对方切肤之感和深切的同情。正是他的真诚，才换来了对方真诚的合作。我们在职场上，说话的态度一定要真诚。只有真诚，才能使人相信，只有使人相信，才能达到预期的效果。

## 3. 注意酒桌上的客套话

谈起喝酒，几乎所有的人都有过切身体会，探讨酒文化也是一个既古老而又新鲜的话题。现代人在交际过程中，已经越来越多地发现了酒的作用。的确，酒作为一种交际媒介，迎宾送客，聚朋会友，彼此沟通，传递友情，发挥了独到的作用，所以，探索一下酒桌上的奥妙，学习一些酒桌上的客套话，有助于你人际交往的成功。

在酒桌上，规矩很多。酒桌上的规矩，酒桌上的礼仪是非常有讲究的，酒桌上的客套话与座位都是学问。酒桌上的礼仪最多的就是关于敬酒的。敬酒是一门学问。一般情况下敬酒应以年龄大小、职位高低、宾主身份为序，敬酒前一定要充分考虑好敬酒的顺序，分明主次。即使与不熟悉的人在一起喝酒，也要先打听一下身份或是留意别人如何称呼，这一点心中要有数，避免出现尴尬或伤感情的局面。敬酒时一定要把握好敬酒的顺序。有求于席上的某位客人时，对他自然要倍加恭敬，但是要注意，如果在场有更高身份或年长的人，则不应只对能帮你忙的人毕恭毕敬，也要先给尊者长者敬酒，不然会使大家都很难为情。

敬酒有三个讲究：第一，当你敬别人酒的时候，为了表示你对对方的尊敬，在碰杯时，你的酒杯杯口要比对方杯口低一些。第二，当你们的距离比较远不适合碰杯的时候，先告知对方，说敬酒话，然后眼神示意，用杯座在自己面前的转玻上点一下就可以了，不要绕到对方面前去敬。第三，当你为对方斟酒的时候只能斟八分满。

敬酒时有很多的客套话。这些话主要以劝酒为目的。比如："我干了，您随意。"酒桌上的客套话可以显示出一个人的才华、常识、修养和交际风度，有时一句诙谐幽默的客套话，会给客人留下很深的印象，使人无形中对你产生好感。所以，敬酒时应该知道什么时候该说什么话，语言得当，诙谐幽默很关键。具体的劝酒客套话有以下多种，供大家参考：

劝酒客套话 1：

东风吹，战鼓雷，今天喝酒谁怕谁！

感情薄，喝不着；感情浅，舔一舔；

感情深，一口闷；感情厚，喝不够；感情铁，喝出血。

酒肉穿肠过，朋友心中留！

半斤不当酒，一斤扶墙走，斤半墙走我不走。

辣酒涮牙，啤酒当茶。

客人喝酒就得醉，要不主人多惭愧。

小快活，顺墙摸；大快活，顺地拖。

市场经济不轻松，快将美酒喝一盅。

天蓝蓝，海蓝蓝，一杯一杯往下传。

危难之处显身手，兄弟替哥喝杯酒。

感情铁不铁？铁！那就不怕胃出血！
感情深不深？深！那就不怕打吊针！
一两二两漱漱口，
三两四两不算酒，
五两六两扶墙走，
七两八两还在吼。
不会喝酒，前途没有；
一喝九两，重点培养；
只喝饮料，领导不要；
能喝不输，领导秘书；
一喝就倒，官位难保；
长喝嫌少，人才难找；
一半就跑，升官还早；
全程领跑，未来领导。
男人不抽烟，白活在人间，
男人不喝酒，活得像条狗。
男人不抽烟，活得像太监，
男人不喝酒，枉在世上走。
男人不喝酒，交不到好朋友。

劝酒客套话2：

春眠不觉晓，处处闻啼鸟，举杯问小姐，我该喝多少——女士说了算。
少小离家老大回，这杯我请小姐陪——与在座女士对饮一杯。
跟着感觉走，这次我喝酒——咳，没办法，喝了吧。
路见不平一声吼，你不喝酒谁喝酒——令打酒官司的人喝一杯。
日出江花红胜火，祝君生意更红火——请经商下海者喝一杯。
结识新朋友，不忘老朋友——与新老朋友共干一杯。
一条大河波浪宽，端起这杯咱就干——自饮一杯。
朝辞白帝彩云间，半斤八两只等闲——好酒量，喝一杯。

劝酒客套话 3

只要心里有，茶水也当酒。

酒逢知己千杯少，能喝多少喝多少，喝不了赶紧跑。

出门在外老婆交代，少喝酒、多吃菜，够不着了站起来。

输了咱不喝，赢了咱耍赖，吃不完兜回来。

来时夫人有交代，少喝酒来多吃菜。

锄禾日当午，汗滴禾下土，连干三杯酒，你说苦不苦？

酒量不高怕丢丑，自我约束不喝酒。

## 4. 把握时机，该说时方说

说话是一种艺术，也是一门学问。什么话该说，什么话不该说，什么场合该说什么话，什么场合不该说什么话，这看似简单，可做起来就不是那么简单了，很多人也都是吃了这方面的亏，最终懊悔不已。

乔治是美国加利福尼亚州鼎鼎有名的大亨，资产超过 10 亿美元。某年，他与商业伙伴戴维从加州飞到中国某大城市，准备在那里投资建厂。因此，他需要寻找合作伙伴。经过多方努力，3 天后，乔治终于坐到了谈判桌前，和他谈判的对象是我国某一大型企业的领导。这位领导之所以能坐到谈判桌前，就是因为他的精明能干和通晓市场行情的本领让乔治颇为欣赏。特别是当乔治听了这位领导对合资企业的宏伟设想后，他似乎已看到了合资企业的光辉前景。可是正准备签约的时候，忽听这位领导又颇为自豪地侃侃而谈道："我们企业拥有2000多名职工，去年共创利税700多万元，实力是绝对的雄厚……"

听到这儿，乔治立刻呆滞了，他暗暗地掐指一算：700万元人民币折成美元是90余万，一个2000多人的企业一年才赚这么点儿钱；而且，这位领导居然还表现得十分自豪和满意，看来与这家企业合作的前景不太好，因为离自己预定的利润目标差距实在太大了。还好合同还没有签，于是，乔治决定立即终止合作谈判。

眼看要到手的投资就这样飞了，原因仅仅是因为一句话，况且还是因为一句好话。试想如果那位领导当时能保持一下沉默，那么这事不也就成了吗？因此只能说明这个领导说话还没找对时机，甚至说他在商场摸爬滚打几年还没有学会如何说话，还不知道在什么场合说什么样的话，最终也因为这个问题而失去了一笔很大的投资，给国家造成了较大的经济损失！可见，好话并不是什么时候都适用，并不是什么时候都能给自己带来好处，而是要看时机。时机对了，那就是力量；时机不对，那就成了阻碍！

掌握好说好话的时机，是每一个人必修的一门课程，因为如果你说得不是时候，即便你的话再好、再动听，不仅起不到好的作用，相反，还会给你带来反面的效果，那么你就是赔了夫人又折兵，实在是很不划算。因此，要学会根据对方的性格、心理、身份以及当时的氛围等一切条件，考虑自己说话的内容。具体来说，就是把握以下三个原则：

（1）要适时

该说的时候说，该停的时候停，这就叫适时。有的人在社交场上该说时不说，不该说时又说个不停，这样的人不懂礼貌，不讲礼节，没有涵养，必定惹人讨厌。该说时不说，如见面时不及时问候；分手时不及时告别；失礼时不及时道歉；对请教不及时解答；对求助不及时答复。该停时不停，如在热闹喜庆的气氛中唠唠叨叨地诉说自己的不幸；在别人伤心难过的时候还只顾嘻嘻哈哈开玩笑；在主人心绪不好时仍然滔滔不绝地发表长篇大论；在长辈家里乐不可支地详谈"马路新闻"。诸如此类的种种情况，虽然看起来都是不起眼的小事，但是因此你会给人留下不好的印象，让别人觉得你没有修养，不懂礼仪，从而不愿意和你交往。所以说话一定要适时，该说的时候说，该停的时候停，朋友生病，及时问候；做错事情，真诚道歉；不唠唠叨叨，也不总是沉默，对别人要做出积极的回应，对自己要进行适度的控制，看场合、看对象，当说则说，才能受到欢迎。

**（2）要适量**

适量既指说话的多少要适当，也包括说话的音量要适宜。当然，所谓的适量，也并不是指少说就好，也不是指说话要像老和尚念经那样，保持一个调调，没有起伏，说话是不是适量，应该以是否达到了说话的目的为衡量标准。

说话是为了传递信息，说得太多，头绪杂乱，别人听不清楚，说再多也没有用，如果为了简洁，说话只说一半，别人听不明白，一样不是适量。因此，所谓的适量，不在于话多话少，只要你能够明了地、准确地传达出你的意思就可以了。该多说时不少说，该少说时不多说，这才是说话适量的真正要义。作自我介绍时，本应该简单明了，有的人却长篇大论，啰啰唆唆；祝酒时应该一言以蔽，有的人却要说上半个小时；阐述观点要有理有据，详细具体，有的人却三言两语，笼统粗略，使人不知所云……这样既影响自己的说话效果，又影响自己的社交形象。说话要适量，还包括声音大小要适量。大庭广众之中说话音量应该大一点，私人拜访交谈音量宜适中，如果是密友、情人间交谈，小声则可以表现亲密无间、情意绵绵的特殊关系，给人一种亲切感。所以在社交场合中，与人交谈时也应该把握好自己的说话的声音。

**（3）要适度**

说话要适度，主要是指根据不同对象把握言谈的深浅度，根据不同场合把握言谈的得体度，根据自己的身份把握言谈的分寸度。在与人交谈的过程中，不可以没度，也不可以过度，说话要看对象、分场合，不能想说什么就说什么。比如，关于自己比较隐秘的事情，是只能和亲人以及关系亲密的朋友说的，如果逢人就说，以示自己的真诚，反而让人觉得不庄重；搞幽默、说笑话虽然能够调节说话氛围，但是也不是在什么场合都行得通，在比较严肃正式的情况下就不能够开玩笑；此外说话还要符合自己的身份，在社交场合中，一个人可能会扮演多种角色，在公司，作为领导说话既要威严又要亲和，在家庭，作为长辈说话既要慈爱又要和气。把握住说话的度，才会让人感觉舒服，乐于与你交往。

## 5. 柔和的言辞同样具有威力

从生活中我们可以发现，人们通常比较尊敬那些说话温和的人。在职场中，说话最忌讳的就是直来直去，以硬碰硬。这样，即使再有理的事情往往也得不到妥善的解决。而聪明之人却会举重若轻，巧妙地用一种表面上看来十分柔弱的言辞来对付对方锐不可当的气势，以达到自己办事的目的。

有这样一个故事：

北风与太阳打赌说，它可以吹掉一个人的大衣。太阳答应和它打这个赌。于是北风使劲地吹啊吹，而那个人更用力地将大衣裹在自己身上，不管北风刮得多猛烈，它只能使那个人将大衣裹得更紧。最后，北风放弃了。

太阳说："我知道该怎么做。"太阳开始将温暖的阳光洒在那个人身上。几分钟后，那个人慢慢松开了大衣。接着，太阳更温暖地照耀着这个人，最后，那个人将大衣完全脱掉。凭着自己的温暖，太阳很快做到了北风竭尽全力也做不到的事情。

太阳之所以能让那个人脱下大衣，正是因为它知道这个人需要柔和温暖的太阳而不是狂暴的寒风。万物相生相克，刚劲的东西不一定要用更刚劲的征服，有时最柔软的事物才恰恰是它的克星。大凡刚烈之人，其情绪颇好激动，情绪激动则很容易使人缺乏理智，仅凭一股冲动去做或不做某些事情，这便是刚烈人的优点，同时又恰恰是其致命的弱点。诸葛亮《将苑》中说："善将者，其刚不折，其柔不可卷，故以弱制强，以柔制刚。"由此看来，以柔克刚的确是个了不起的哲学方法。

老钟从河南出差到武汉，有位年轻同事正准备结婚，想买一台高档进口彩电，便托老钟帮忙带回一台大屏幕彩电。

到武汉后，老钟听说汉正街的货物美价廉，尤其是小孩子的衣服比商场便宜许多。便想先去逛逛汉正街，给小孙子买几件衣服，再到商场替同事看电视机。到了汉正街，老钟发现果然名不虚传。替小孙子选了几套衣服，付完钱老钟正准备走，忽然发现钱包不翼而飞了。这下老钟可着急了，包里有同事的几千元钱！明明刚才付款时才拿出来的，怎么可能一下子就不见了？刚才旁边也没什么人，只有卖衣服的姑娘和自己两个人。老钟思考，十有八九是卖衣服的姑娘随手把钱包塞进了衣服堆里。

老钟问姑娘："小同志，看见我的钱包没有？"

姑娘一听，翻了脸："噢，你是说我拿了？那你去叫警察呀！"

老钟一听，姑娘的口气不对，自己并没有说她拿了，只是询问一下，她这不是"此地无银三百两"吗？老钟明白，自己只有一个人，一离开小摊，赃物转移，那就再没希望了。如果和她来"硬"的，只会把关系弄僵。他决定来"软"的，于是，他笑了笑说："我也没说是你拿了，是不是忙中出错，混到衣服堆里去了。"这话很有分寸，给姑娘下台准备了台阶。这时来人买东西，打断了说话。他摆出了打"持久战"的架势，盯着货摊。姑娘显得有些心神不安。等货摊又只剩他们俩时，他压低声音悄悄地说："姑娘，我一下子照顾了你五六十元的生意，你怎么能这样对待我呢？我看你年纪轻轻的，在这个热闹街道摆摊，一个月收入几百上千，信誉要紧哪！"这话有恳求、有开导，还有暗示，说得姑娘低下了头，显然在进行思想斗争。

他继续道："这钱是小青年托我带结婚用的东西。要是丢了，我一个工薪阶层，哪里赔得起呀！我这一大把年纪了，还出这种事，叫我怎么有脸回去见人呀！姑娘，你就替我仔细找找吧。”

姑娘终于经不住他的恳求，说：“我给你找找看。”

他说：“我知道你会帮助我的。”

果然，姑娘就坡下驴，翻了一阵子，在衣服堆里“找”出了钱包，羞答答地送还给了他。

在职场中，会遇到各种各样的对手，有的人锋芒毕露、咄咄逼人，毫不掩饰地想做整个谈判的“中心”，霸道地使整个谈判围着他的指挥棒转，对付这种人，就可以采取“以柔克刚”的策略，从而让你在谈判中进退自如。

在谈判桌上，强势往往是一种砝码。但对于不同的人，在不同的环境中，该弯则弯，以柔克刚。只有这样，才能在谈判中进退自如。以柔克刚，以软化硬，用智慧和柔术进退自如。做生意，价格可以慢慢谈，但态度一定要诚恳，不要给对方太多的压力。当谈判陷入僵局的时候，这样的策略就往往能得到最鲜明的体现。

美国西屋公司曾遇到这样一件事：有位用户在使用该公司的马达后要求退货，理由是马达散热度过高，工人无法接触。公司销售员阿里逊前去谈判。阿里逊并没有直接反驳对方，只是说：“如果真有这种情形发生，我们绝不敢要求贵厂购买。你们应该选择散热量小的马达，对不对?”这个开场白，避免了针锋相对。接着以询问的话语启发用户：“按规定，在室内马达的温度是不是可以比室温高 72 华氏度?”对方回答：“是。”在柔和含蓄的询问后，阿里逊又推进一步：“工厂的室温是多少?”回答是 75 度。看到水到渠成，阿里逊就直接亮出观点：“工厂室温 75 度，马达的规定温度 72 度，加起来 147 度。假如用手去摸的话，是不是会烫伤手呢?”

阿里逊的一句关键性问话，就推倒马达散热度高的说法了。对方不仅不再要求退货，而且还预订了西屋公司其他产品。

在谈判中，“以柔克刚”是一种说服技巧，要想成功地把对方说服，就要做到坚定不移地坚持自己的观点，以此削弱对方的意志；绝对不可以有半点的动摇，否则就会给对方造成进逼的缝隙。同时还应抓住问题的本质进行攻击，从而让对方自动就范。

1969年，美国西方石油公司董事长哈默，为了公司在利比亚开采石油的日开采量和价格，同利比亚政府进行了谈判。哈默的谈判对手是利比亚的第二号人物贾卢德。一天，贾卢德在谈判时，带去一支机关枪，"粗心大意"把枪口朝着哈默。精于谈判的哈默明白，这是贾卢德利用环境造势，这种傲慢实际上表明了贾卢德内心的虚弱。

在贾卢德辱骂哈默时，哈默却平静地站起身来，将双手放在年轻的贾卢德的肩上，表现出长辈对年轻人的谅解态度，经过一番紧张的谈判较量，双方终于签订了协议。这次谈判，双方各有所获，但都不是彻底成功或彻底失败。哈默保住了他在利比亚的开采特权，而利比亚得以将税率增加80%，每桶油多收30美分。

以柔克刚，其实是一种高雅的胜利，是风度与气质的胜利。在谈判的过程中，如果有关原则性问题要寸步不让，但又要讲语言技巧。这时，最好的办法就是迂回进攻，以柔克刚，较之正面批驳收效更大。

## 6. 面对冲突，以冷静的态度说话

面对冲突，说话慢一些，语调低一些，是一种冷静的智慧。说话慢一些，花的时间虽长，绕的弯子虽大，然而在许多时候，它却往往是取得胜利的捷径。

比如，当消防队接到求救电话时，常会用慢条斯理的口气来回答，这种和缓的语气，是为了稳定说话者的情绪，以便对方能正确地说明情况。又如，两口子争吵，一方气急败坏，一方不焦不躁，结果后者反而占了上风。再如，政治思想工作者常常采用“冷处理”的方法，缓慢地处理棘手的问题。这些情况都表明，在某些特定的场合，“慢”也是处理问题、解决矛盾的好办法。

美国第25任总统威廉·麦金莱就是用冷静这种方法制伏了一个愤怒的对手。有几个议会代表，对麦金莱总统指派某人为收税经纪人这件事非常不满，向他提出抗议。带头的议员长得人高马大，脾气很暴躁。他用愤怒的口气责骂着麦金莱，其中包含了一些侮辱性的言辞。但是麦金莱对此先是一言不发，任由这位议员尽情地发泄他的愤怒。然后麦金莱很平和地说：“现在，你觉得痛快些了吗？”麦金莱接着说：“照你刚才说话的这种水平，实在是没有资格了解我指派某人的理由，不过我还是可以告诉你。”

那位议员的脸倏地一下红了，他尴尬地想向麦金莱道歉，但是麦金莱继续面带微笑地说：“无论什么人，在不了解事情真相的情况下 容易丧失理智是很正常的。”然后便向他详细地解释了其中的原委。这个议员回去向别人报告他交涉的结果时，他是这样说的：“伙计们，我 忘了总统具体说了些什么，不过他是对的。”麦金莱总统这种冷静而微含讥讽的答复，使这个议员对自己的粗暴行径自惭形秽。不管这次的指派是对是错，麦金莱这种很聪明的应对方法，使这个议员一下子就处于被动地位了。

在职场中难免会有争吵发生。仔细观察就会发现，激烈的争吵往往出现在两个极不冷静的人们之间，而如果其中至少一方能够采取冷静的态度，这样的情况恐怕就不会出现。因此，在面对纠纷，当对手感情冲动时，你首先要明白，斗争不是目的，和谐才是目的。

在某商店里，一位顾客气势汹汹找上门来，喋喋不休地说："这双鞋鞋跟太高了，样式也不好……"商店营业员一声不吭，耐心地听他把话说完，一直没打断他。等这位顾客不再说了，营业员才冷静地说："您的意见很直爽，我很欣赏您的个性。这样吧，我到里面去，再另行挑选一双，好让您称心。如果您不满意的话，我愿再为您服务。"这位顾客的不满情绪发泄完了，也觉得自己有些太过分了，又见营业员是如此耐心地回答自己的问题，也很不好意思。结果他来了个 180 度的大转弯，称赞营业员给他新换的实际上并无太大差别的鞋说："嘿，这双鞋好，就像是为我定做的一样。"营业员以慢对快，以冷对热，让顾客把怒气宣泄出来，达到了心理平衡，化解了这一场纠纷。

要想挫败一个愤怒的顾客，没有比冷静更好的办法了。发怒是一种激烈的情绪性行为，而人在激烈的情绪支配之下会很容易丧失理性，所以人在盛怒下常常会做出不理智的行为。希腊哲学家毕达哥拉斯曾这样说："愤怒从愚蠢开始，以后悔告终。"在我们的日常工作中，由于一时愤怒而酿成大错或惹来大祸的事，绝不少见。因此，我们要学会冷静。你要记住：别人发怒的时候，正是需要你心平气和的时候。

一般来说，顾客的感情冲动，往往有三种目的：一是从气势上压倒你；二是激怒你；三是尽快发泄心中的怒怨之气。你可以运用各种方法缓解对手的感情冲动。

**(1)要紧握他的手**

愤怒者往往指手画脚，拍桌摔物。握手可以客气地制止对方指手画脚、拍桌摔物的行为。通过控制对方激动的行为，达到调整对方情绪的目的，起到缓解情绪冲动的作用。对方如果拒绝握手，你可以大胆地、合理地借故多次试握。握手是友好的象征，一般情况下断然拒绝握手的人不多，多次断然拒绝握手的人更是少见。

**(2)请给他让座**

感情冲动者基本上都是站立着的。有人呼吸加快，手脚微颤；有人跺脚捶胸，脸色苍白或赤红。为了缓解对方的冲动，最好请他们坐下来说话，最好坐在较矮的沙发上。坐着的人是很难大怒的。坐着的姿势会大大限制胸部扩张，使其怒气不足。

(3)温和有礼

受敬使人气和，受礼助人消气。对找上门、怒气冲冲的人，不妨说："请慢慢说，先喝一杯茶。"或者："来，先歇口气，抽支烟。""请稍候，我正好有个长途电话。""哦，吃午饭时间到了，让我们等会儿再谈，中午我请客，请务必赏光。"

## 7. 不要用批评伤害对方

批评是人生中不可避免的，无论是在生活中还是在职场上，人都会犯错，而犯了错误，必定会有人作出批评，希望能改正。但是在这个过程中，如何具体地操作是个大学问。在批评别人的时候，应该运用技巧，让他既接受了批评，又不至于难堪。这样才能既解决问题，又能处理好与别人的关系，收到两全其美的效果。

李勇是一家建筑公司的安全检查员，检查工地上的工人有没有戴安全帽是他的职责之一。据他报告，每当发现有工人在工作时不戴安全帽，他便会用职位上的权威要求工人改正。其结果是，受指正的工人常显得不悦，而且等他一离开，就又把帽子拿掉。后来，李勇决定改变方式。第二回他看见有工人不戴安全帽时，便问是否帽子戴起来不舒服，或是帽子尺寸不合适，并且用愉快的声调提醒工人戴安全帽的重要性，然后要求他们在工作时最好戴上。这样的效果果然比以前好得多，也没有工人显得不高兴了。

现实生活中几乎人人都爱听赞美之词，不愿意听批评之语，究其原因，主要是因为人们不懂批评的方法，不善于把握批评的艺术。批评，是一件令人十分难为情的事情，无论是批评者还是被批评者，在那种特定的氛围中一定都多少有些尴尬。其实，批评的真正目的并不在于批得对方体无完肤，彻底地打倒对方，而是纠正对方的错误。因此，批评不应伤害对方，而应激励他，使对方表现得更好。

陶行知校长有次在学校见到两个男同学在打架，便让其中挑起事端的那个同学到校长办公室一趟。陶校长到了后，那男生已经站在那儿了。陶校长便说："你在我之前到，说明你很讲信用。这块糖奖给你。"那男生原以为会听到严厉的批评，结果吃了一惊。陶校长又继续说："我调查了一下，你打那个同学，是因为他欺负女生，这说明你很有正义感，这块糖也是奖给你的。"说着又掏出了一块糖。那男生再也忍不住了，哭了起来，边哭边说："这事我不对，我不应该动手打人。"陶校长一听，又掏出一块糖，说："我还没有说，你自己就能认识到错误。这块糖也是奖给你的。"又掏出最后一块糖。

陶行知校长用温柔的力量对男同学的错误行为进行了批评教育，效果非常地好。试想，若他用严厉的态度将男同学"大批"一顿，效果肯定会适得其反。在职场中，既需要真诚的赞美，也需要中肯的批评。人们通常认为，批评他人往往是得罪人的事，所以就不去花心思研究批评的技巧。这显然是错误的。在现实生活中，要使批评奏效，切不可损害他人的自尊心，即使你的动机是好的，有充足的理由批评对方，仍要注意不要使别人的自尊心受到伤害。所以，我们不妨在批评之语的外边裹上一层"糖衣"，这样就不会让对方丢了面子，对方还会很容易接受。

王刚是工厂的一名班组长，最近他的班组调来一个名叫李杰的人，别人对李杰的评语是：时常迟到，工作不努力，以自我为中心，喜欢早退。过去的班长对李杰都束手无策。

第一天上班，李杰就迟到了 5 分钟，中午又早 5 分钟离开班组去吃饭，下班铃声前的10分钟，他已准备好下班，次日也是一样。王刚观察了一段时间，发现李杰缺乏时间观念，但工作效率却较高，而且成品优良，在质管部门都能顺利通过。于是，王刚对李杰的迟到早退未置一词，只是微笑着打招呼，时间久了，李杰反而觉得过意不去了，心想：过去的班长可能早就对我大发雷霆了，至少会斥责几句，但现在的班长毫无动静。

感到不安的李杰，终于决定在第三周准时去上班。周一，站在门口的王刚看到他，便以更愉快的语气和他打招呼，然后对换上工作服的李杰说："谢谢你今天能准时上班，我一直期待这一天，这段日子以来你的成绩很好，算是班组的冠军呢！真是一流的技术人才，如果你发挥潜力，一定会得优良奖。也许我的话有些不中听，但是我还要说，为了你的前途应遵守规则，认真努力。"

虽然李杰没有立刻改掉所有的缺点，但遵守上下班时间和工作情绪方面，几乎判若两人。因此，在批评时，我们更应该以柔和的语气去打动对方，因为柔和的语言显得更有动人之力。

批评在日常生活中是难免的，工作中更是经常发生。因批评不当，闹别扭，结怨，甚至影响工作，都是常有的事，因此有必要注意一下批评的技巧。请牢牢把握住以下几点。

(1)要简短、明确地当场指明

无论是提醒还是批评，都应在发现对方做出了不正确的举动时，当场或尽早对其进行批评。而一旦时过境迁，即便向其指出"那时的那种做法是不正确的"，对方也会因缺乏实感而只是心存反感地一听了之，其教育效果会大打折扣。

(2)不要在众人面前进行批评

在众人面前提醒或批评某人的话，会对其自尊心造成伤害，从而造成对方难以爽快接受的相反效果。此外，也会使其身边的人对今后如何接触对方而深感困惑，或对其产生不快的想法。所以，请尽可能地在没有外人在场时对其进行一对一的批评教育。

(3)不要过于情绪化

人一生气就会怒上心头，变得容易情绪化。但是，如果在批评别人时情绪过激，那么再有理有据的言语也会显得欠缺说服力。因此，在批评对方时自己首先要冷静，并将应说的内容事先归纳好。

# 第五章

# 符合身份，在领导面前巧妙表达自己的意图

身处职场，与领导相处是每个人都应精通的一门高深的学问。领导也是人，同样需要与人交流。跟领导说话，内心适度地尊重领导是应该的，态度谦虚谨慎是必要的。但你的说话能力和水平永远是最重要的。一个会说话的人，总可以流利地表达出自己的意图，也能够把道理说得很清楚、动听，使别人很乐意地接受。

# 1 积极沟通，学会和领导说话

在职场中，学会和领导说话的能力必不可少！拼搏在职场，也许你总能出色地完成工作任务，但每当你盼望着评优、加薪、升职时，这些好事却总是离你远去。这时，你最该思考的就是自己和领导之间在沟通上是不是出了问题。

赵刚是一个十分谨慎的人。平时不爱说话，只知道踏踏实实，埋头工作。一年内为研究所搞出两项科研成果。为此，研究所所长非常欣赏他，就有意提拔他为副所长。可是，每一次所长把自己的意思告诉赵刚时，赵刚总是客气地说："我不行，我真的不行，您别为难我了。"这样经过三次后，所长再也不找赵刚谈话了，把另一个在能力上不如赵刚的研究员提拔为副所长。其实，赵刚并不是不想当副所长，人都有渴望名利的欲望，可是，由于他过度地客气，机会与他失之交臂。

过度客气反而会招致误解。和领导说话应该小心谨慎，顾全大体。但顾虑过多则适得其反，容易遭受误解。有时越是谨慎小心，反而更容易出错，会被上司误认为没有魄力，不值得重用。在职场中，说话要有技巧，沟通要有艺术。有人说，干得好不如说得好。这句话虽然有些偏颇，但是在职场中，如果会做事再加上会说话，那这样的员工肯定能迅速受到领导的青睐和重用。

宋先生在一家比较知名的企业任总经理助理，他的顶头上司贺总是搞技术出身。由于长期在研究开发领域工作，贺总对于企业管理是一知半解，知之甚少。出于对技术的钟情与依恋，贺总总是喜欢直接插手技术部门的事，把管理的层级体系搞得乱七八糟，属下表面上不说什么，但私下里无不怨声载道，让宋先生感到与其他部门沟通协调倍感吃力。经过思考，宋先生决定向贺总提出意见。他对贺总说："真正意义上的领导权威包含着技术权威和管理权威两个层面，贺总您的技术权威已经牢固树立起来了，但是管理权威则有些薄弱，还需要加强。"贺总听后，若有所思。后来，贺总果然越来越多地把时间用在人事、营销、财务的管理上，企业的不稳定因素得到有效控制，公司运营进入了高速发展的态势，宋先生的各项工作也顺风顺水，渐入佳境。

与领导沟通，主动的态度十分重要。工作不久、阅历较浅的下属，工作热情高，富有开创性，对工作任务能够提出一些设想和建议。但下属往往慑于周围人际环境的压力，主观上不能与领导进行有效沟通。自己的设想和建议不被领导了解，得不到领导的采纳，就不能使自己才华得到发挥，因此，不与领导主动沟通，会使你丧失展示才华、取得成功的机会。

小王这几天对自己的部长很不满意，到处发牢骚。原来别的部门要从小王所在的部门调一个人过去，小王很想换一个部门尝试一下，而且那个部门是做技术的，小王正好有这方面的特长。于是在部长向员工征询意见的时候，小王就主动地向部长表示自己愿意过去。但是部长好像根本就没有注意到她，最后反而让别人去了。更让小王郁闷的是，过去的人对于技术根本一窍不通。

注意场合，选择时机，在很大程度上影响到你沟通的成败。小王为什么没有能够如愿以偿呢？仔细分析起来，是她与上级交流的方式有问题。作为一名下属，这样迫不及待地直接向上级要求去另外一个部门，作为上司会感到很没有面子,“难道你就这么不愿意待在我领导的部门里吗?”他自然就不会顺顺利利地让小王去了,就算换了别人,估计也不会让小王就这么去别的部门工作。如果小王能够换个方式,找个没有旁人在场的时候和上级好好谈谈,向他表示:我很不愿意离开这个部门,我很想继续被您领导。但是我觉得自己对于那份工作是一个比较合适的人选,如果让我过去试试,我一定很感谢领导对我的栽培。相信这样领导会很乐意让小王过去的,而且也不会伤和气。部长得面子,你得实惠,双方皆大欢喜。所以,在和上级交流时给上级留面子是很必要的。

小吴在某汽车公司工作,他是有名的老好人,也就是叫干什么就干什么的人,所以,他的上司们,不管是工长还是组长、车间主任,都把他支来支去。时间长了,他终于忍受不住了。一次,趁经常支使他的上司都在的时候,他对他们说:“请问各位领导,究竟你们是章鱼还是我是蜈蚣?”几个领导一听,不对,这分明是话里有话,于是就问:“谁得罪你了?”小吴笑了笑说:“这样吧,我给你们讲个笑话:有一条章鱼,它十分苦恼,不为别的,只是为了自己生了八条腿,于是它便请教蜈蚣:老兄啊,你说你有这么多条腿,请问你是怎么安排它们的工作的? 蜈蚣笑道:你真愚蠢,我从来就没有特意安排它们,只是任凭它们各司其职罢了。请问几位领导,我们是不是应该向蜈蚣先生学习呢?”几位领导一听,嘴里不说,心里都明白是怎么回事了,于是再也不像过去那样对小吴指手画脚了。

巧妙和上司沟通,并让他深刻理解你的难处,这是一种更加高超的语言艺术,用得好时,不但老板爱听并接受,也会对你的机智深表赞许,或许能为你将来的升迁增加不少印象分。下属与领导沟通,要讲究方法、运用技巧。学会和领导说话,是职场人士的一门必修课。掌握一套有效与领导沟通的本领,更容易赢得领导的信任,在职场上走得更加顺利!

## 2. 话要中听，忠言还需顺耳

俗话说："良药苦口利于病，忠言逆耳利于行。"这句话经过历史的检验，人们对它已深信不疑。但众所周知，良药大多苦口难咽，因此制药厂想出了一招，用糖衣把药包起来，这样药效不减，吃药的人却便于服用。同样的道理，忠言并不一定非得逆耳，如果把忠言说得顺耳一些，也能起到规劝人、开导人的作用。

王处长是一位刚刚提拔上来的新手。一次生活会上，他要求大家提提意见，大家碍于面子，没有人敢出这个头。最后，处里的"元老"老陈说了："王处长到处里后，可谓大刀阔斧进行了改革，处理的工作现在已有了头绪。人比以往更团结，成绩也是有目共睹。只是最近大家手头有点儿紧张，希望王处长能替大伙解决解决。"王处长听后，意识到该给大家搞些生活福利，从而采取了一些措施。

老陈可以说是提意见的高手，他先肯定王处长上任后的成绩，使领导心里美滋滋的，然后再轻描淡写地提出大伙的意见，反映出他对下属关心不够，体贴不够。这种方式，容易使领导意识到自己成绩是主要的，是值得大家交口称赞的，而不足只是次要的。既不得罪他，又激起了他改进不足的积极性。在职场中作为下属应掌握这一智慧：先称赞其成绩，再委婉指出其不足，既照顾了领导的面子，也使领导易于接受。一名员工能够发现问题，是智慧；能提出问题，是勇气。但是许多人在提出问题时，表现出的却是蛮勇，不分时间、地点、场合，不讲方式，结果是只有百害而无一益，旧问题没有解决，反而增添新问题。所以，要从行为上来改变自己的输出方式。不要口无遮拦，信口就来，不注重语言的选择，不选择语言的表述方式和技巧。要知道，自己的言行是要产生客观效果的，而用负面的语言和负面的行为表述出来，只会产生负面的效果。

明朝开国皇帝的夫人马皇后，一生勤俭节约，深明大义，为朱元璋的江山稳固起到了很大的作用，对于朱元璋的某些过失，马皇后也能委婉地批评劝进，这位马皇后为大明的江山尽了自己的全部力量。

明太祖朱元璋在南京建都后，把年号定为洪武。他本想在南京郊外的狮子山建造一座阅江楼，以纪念他统一天下的丰功伟绩，但他转念一想，现在国家刚刚建立，天下还没有完全安定，四野荒芜，百姓生活困苦，此时若置百姓和国家于不顾，而去造楼，实在不是明智之举，但他又想以此试一试群臣的看法，以便从中挑选一些真正为国家出力的忠直之臣。谁知号令一出，送上来的奏章全都是一片赞成造楼的声音，竟没有一个人反对造楼。朱元璋越看越气，并大发雷霆，大呼："我朝缺人才呀，缺人才呀！"

朱元璋的夫人马皇后听说朱元璋在宫中大发脾气，急忙跑过来问道："皇上，我大明刚刚平定天下，建都南京，猛将如云，才臣如星，怎能说缺人才呢？"

朱元璋便把自己以建楼为名试探群臣态度的事说了一遍。马皇后听后，会意地笑了笑。她叫宫女拿来一个方形茶壶和一个圆口茶杯，亲自沏茶倒水，说道："皇上你看，这水在方的茶壶里，便是方的，倒入这圆的茶杯里，就变成圆的了。"

朱元璋很是纳闷，便问道："这话怎么讲？"

马皇后说："水是没有形状的，它在什么样的容器里就变成什么样。"

朱元璋转念一想，才悟出皇后的意思，便说："你是说，有什么样的皇帝，就有什么样的大臣！"

"对！"马皇后高兴地说，"过去唐太宗李世民因为有宽容的胸襟，所以才有像魏征这样的正直谏臣！"

朱元璋不满地反问："你是说朕平时没有度量？"

马皇后说道："皇上有心听取群臣的批评，真是国家百姓的幸事。但事情就像这水和壶、杯一样，要勇于接受批评，群臣才敢将心里话说出来啊。"

朱元璋暗暗点头，心想：我想试臣，试来试去，问题倒出在我自己身上了。

马皇后的委婉批评让朱元璋明白了自身的不足之处。委婉的劝谏使朱元璋能够体会到马皇后的一片苦心。这种批评方式不但普通人容易接受，就连皇帝这样的"上司"亦能虚心接受，这就是"忠言顺耳"的魔力所在。因此，在批评别人时，我们一定要讲究方式、方法，寻找一种能让人容易接受的批评方式。否则批评就难以达到预期效果。人在本性上都是不愿受到指责、批评的，不管你说得对不对，都可能让人不舒服，但是，批评如果注意方式方法，则能让人欣喜接受，这就要求我们能使批评达到春风化雨、甜口良药也治病的效果。

陈明是某电视购物公司的销售部主管，顶头上司便是销售部经理。接连 3 个月，公司的业绩直线下滑，为了促进销售，在季度总结大会上，经理提议大家可以开空头支票，也就是为了吸引顾客，另增设一些根本不存在的优惠或者服务项目。对此，陈明很不赞同。他强调让职员拿空头支票外出办事，会有许多空隙可钻，是极不负责任的。万一客户找上门来，不仅销售员个人的业绩乃至诚信会受到影响，也会连累到整个公司，甚至引发信任危机。也许是言辞过激，领导在恼怒中扔过来这样一句话："我看你是权限太大了。"

两个人正僵持不下的时候，一旁的销售员晓峰出来给他们打了个圆场："陈主管，就咱们经理的识人本领，有谁能逃得过他老人家的火眼金睛？不是经理信得过的人，经理能这么做吗？"僵局中有了这个台阶，陈明也就顺着附和，大夸经理办事精明老到。经理听了当然很欢喜，而且，自己也在心里权衡这么做的利弊，悔恨自己差点办了糊涂事，会议结束的时候还表扬了陈明、晓峰对公司负责任的态度。

陈明要不是有销售员打圆场，恐怕不仅劝不住经理，还会和经理闹僵了，这样，无论对于他，还是公司的发展都没有好处。而很明显，帮他解围的销售员是聪明的，他更明白，作为一个下属，领导在乎面子，忠言顺耳更能事半功倍。因此，“上司”有过错时，该批评时就批评，但批评一定要注意方式，用词尽量要委婉，这样才能使“批评”之人明白你的良苦用心，从而接受你的建议，改正自己的观念和做法。

## 3. 嘴巴甜的人到哪里都吃香

一个会说话的人，总可以流利地表达出自己的意图，也能够把道理说得很清楚、动听，使别人很乐意地接受。有时候还可以立刻从问答中测定对方言语的意图，并从对方的谈话中得到启示，增加自己对于对方的了解，跟对方建立良好的友谊。不会说话的人，不能完全地表达出自己的意图，往往会使对方费神去听，而且还不能使对方信服地接受。

有这样一个笑话，有一位奇丑无比的女士遇见一位帅哥，那位丑女做过自我介绍后。帅哥很真诚地夸她说：“你的名字真好，通俗易懂。”丑女感到非常高兴。帅哥的朋友不解，问他为什么这么夸她。帅哥解释说：“遇到一位女性，如果她有几分姿色，那么你就称赞她漂亮；如果她算不上漂亮，那么你就称赞她可爱；如果她可爱也算不上，你就称赞她有气质；如果她连气质也谈不上，那么就称赞她有个性；如果她性格也一般，那就称赞她名字别致、脱俗；如果连名字都很一般，那么就只能称赞她的名字通俗易懂了。”

我们不去管笑话里的事情是不是真的，也不要追究别人是否这样评价过我们。我要说的是：赞美是很难拒绝的“诱惑”。不管是男人还是女人，总是喜欢听到别人的夸奖。而且上述笑话也告诉我们一个真理，每个人都有优点，就看你懂不懂得去发掘别人的优点，并衷心去称赞它。

某市文化公司要建一座现代化的写字楼。这一天，公司王经理在办公，家具公司的李经理找上门来推销办公家具。

“哟，好气派。我从来没有见过这样漂亮的办公室，如果我有一间这样的办公室，我这一生的心愿就都满足了。”李经理这样开始了他的谈话。他用手摸了摸办公椅扶手，说：“这不是红木吗？难得一寻的上等木料哇！”

“是吗？”王经理的自豪感油然而生。说罢，不无炫耀地带着李经理参观了整个经理室，兴致勃勃地介绍设计比例、装修材料、色彩调配，兴奋之情，溢于言表。不用说，李经理顺利地拿到了王经理签字的办公室家具的订购合同。他达到了目的，也给了王经理一种满足。

李经理成功的诀窍，就在于他了解交往对象。他从王经理办公室入手，巧妙地赞扬了王经理所取得的成就，使王经理的自尊心得到了极大的满足，并把他视为知己。这样，办公家具的生意也就自然非李经理莫属了。喜欢被人赞美，是人的天性之一。如果一个人的长处得到别人的肯定，他就会感到自我价值得到确认，产生“自己人效应”。心理学家证实：心理上的亲和，是别人接受你意见的开始，也是转变态度的开始。

邓南遮是一个身材矮小的男人，根本算不上漂亮，可是，他却用自己的语言，赢得了世界上最美丽的女人——伊莎多拉·邓肯的欢心。

一次，他同邓肯到一片幽静的树林里散步，在树林的深处，春末的阳光在绿叶上闪耀，四周静得出奇，邓南遮停住了脚步，深情地望着邓肯叹息般地说："啊，伊莎多拉，只有与你一起才能够单独地在大自然中徜徉。任何别的女人只会把景色败坏无遗，而你却是这迷人的大自然的一部分，你就是这些树林，你就是这天空的一部分；噢，不！在我的心中，你就是这主宰着大自然的女神啊！"听了这样的语言，邓肯不由得也从心里叹道："哪一个女人能抵挡住这样的景仰崇奉呢？哪个女人在这样的赞美中灵魂能不融化呢？"

邓肯在她的自传里还写道：任何一个钟情的男人，如果掌握了像邓南遮这样赞美的艺术，能用语言让他喜欢的女人都觉得自己是某一领域中的女神，那么，他所爱恋的女人大都会在默然中悄悄地爱上他！语言，充满诗意的语言，是多么的让人感动啊！

一个演讲艺术家曾说过这样的一句话："有的语言说出口后就像落叶一样飘逝了，可有的语言，说出口后却像鲜花一样让人能感受到她诗意的美丽，并且这美丽的语言之花还将在人们的心灵里孕育出温馨的果实。"当你的语言中充满着真诚的欣赏和赞美之辞的时候，对方在悄然的感动中也会慢慢地接纳你。

美国黑人富豪约翰逊要修建一座办公楼，但在资金上还有300万美元的空缺，他出入多家银行都没有贷到这笔款。

建造开工后到所剩的钱仅够再花一个星期的时候，约翰逊约一家银行的主管一起吃饭，席间，银行主管对约翰逊说："在这儿我们不便谈，明天到我的办公室来谈吧。"

第二天，当约翰逊断定该银行很有希望给他抵押借款时，他说："好极了，唯一的问题是今天我就要拿到贷款。"

"你一定在开玩笑，我们从来没有一天之内就能办妥这样的事的先例。"银行主管说。

约翰逊把椅子拉近说："你是这个部门的主管。也许你应该试试看你有无足够的权力把这件事在一天之内办妥？"

对方微笑着说："你这是逼我上梁山，不过，还是让我试一试看。"

这个银行主管试过以后，本来他说办不到的事终于办到了，约翰逊也在钱花光之前拿到了这笔贷款。

因为谁都不愿意被人看扁，你用赞美的方式把对方看成是全能的，他自然会想方设法去维护自己这个"全能"的形象。学会赞美别人，会为你的人际交往增添许多成功的机会。在公关交谈中，真诚地赞扬和鼓励，能满足人的荣誉感，能使人终生难忘。说一句简单的赞美话，实在不是一件难的事情，只要你愿意并留心观察，处处都有值得赞美的地方，适时说出来，会产生意想不到的效果。

## 4. 有理有据，说服老板为你加薪

在当今社会，企业都是以绩论功，以功论酬，不关注过程，只在乎结果，谁能为企业带来效益，谁就是英雄。巴纳姆先生的名言"没有利润，一切都是空谈"，无疑给所有人一个价值万金的忠告。因此，想说服老板从自己的腰包里多掏一点儿钱给你并不是件容易的事，说服老板为你加薪要有理、有据，还需要一些适当的技巧，这样才能达到你的目的。

有一个刚取得博士学位的年轻人，他选择进入一家制造燃油机的企业担任品管员，刚开始薪水非常低，甚至比不上一个一般工人，但他从没有抱怨过，而是努力地工作。半个月后，他发现公司生产成本高，产品质量差，于是他不遗余力地说服老板推行产品质量改革以占领市场。

他身边的同事们非常不解,甚至善意地劝他道:"老板给你的薪水又不高,何必要这么卖命啊?"他笑道:"我是为我自己工作,这是我的职责所在。"他的建议为这个公司赢得了很大的利润,后来,这个年轻人晋升为副总经理,薪水自然也翻了几番。

这位年轻人就是有着一个正确的价值观才走向了成功。工作时间长了,很多员工不是遇见这样的问题,就是遇见那样的问题,耐不住寂寞,就会跳槽。可是,有些局面并不能通过跳槽改变,比如,复杂的人际关系,工作中不同程度的失败,枯燥、呆板的工作流程……唯一的出路就是扮演好自己的角色,把自己安排在合适的位置上。

其实,老板和员工的关系是平等的。只要你认为加薪是合理的,你就有权提出。但你必须注意说话方式,最好是巧妙地、有技巧地把自己的意图传达给老板,就算万一不被老板接纳,也不至于让双方陷入尴尬的局面,以致影响日后的相处。

加薪是岳华渴望已久的事情。论起资历,他在厂里一干就是4年,自认工作态度还行,也没有犯过什么过错,可是老板根本没有给他加薪的意思。岳华觉得自身价值得不到体现,心里很烦闷。也曾多次在工作总结会上暗示过老板,但老板对此也没有丝毫反应。让他明确地向老板提出这个要求,又觉得不好意思,怕遭到拒绝,但是不说的话又不甘心,最后他还是鼓起勇气,委婉地向老板说明了自己的意思。出乎意料的是,老板在观察他工作几周后果然为岳华加薪了,事情就这么简单。岳华认为,只要是属于自己的正当权益,就应该努力去争取。

向老板提出加薪,要讲究技巧。如以商量、倾诉的语气向老板陈述自己的意图。老板会非常注意聆听,并且询问你工作上遇到的问题。最终可能会为你加了薪水。你肯定希望老板能心平气和地听取你要加薪的理由,那么反过来,当他陈述他的理由时,你也要心平气和地倾听,然后再寻找突破口,协调一致。切记不要一时心急,就采用下通牒、恐吓或别的强迫方式令对方就范，这样只会适得其反。与老板谈加薪，要注意把握以下几点：

（1）审时度势很重要

你必须在时间、地点、场合条件都具备的情况下提出加薪。否则，突然提出，只会使老板反感。最佳谈加薪时机一般是公司每年年底都进行的业绩评估时，在评估结果出来之后，如果发现自己有加薪的空间，那么可以以业绩为资本向老板提出加薪，这样做成功的可能性较大。

（2）抓住业绩是关键

不要和老板大谈你正在贷款，而且有买车、买房等个人消费问题。你必须向公司证明你值得加薪，而不是你需要加薪。抓住自己所做出的业绩，表现出足够的信心。先说服了自己，你才有可能说服老板。

（3）摸准加薪的时间表

掌握公司的加薪时间是很重要的。大多数公司会在年初加薪；有的公司人数相对比较少，操作比较容易，会一年加两次。如果你遇到加薪不定期的公司，可要小心了。这类公司在面试时会说：目前我们只能给你这么多，以后会根据你的表现考虑加薪。这说明，公司在短时间内不会考虑加薪。还有两种可能是，公司刚刚起步，真的拿不出这么多钱发工资；或是公司不景气，要想加薪就会很困难。

（4）不要漫天要价

先做些调查，了解自己的行业和所在位置的工资水平。如果你身处热门专业，你要求加薪的幅度就可以适当提高。如果公司不同意，和老板谈一下，是否能以其他方式补偿，比如奖金、休假、交通费等。

总之，说服老板给你加薪确实不是一件易事，万一操纵不好，就有可能破坏自己在老板心中的良好形象，影响日后的工作。因此，在开口向老板要钱时，最好先制定一个谈话要点，然后有理有据展开。当他意识到给你加薪有百利而无一害，甚至还能憧憬到不久就能收获到滚滚财源时，你的目的就达到了。

## 5.正话反说，可以避免正面冲突

有些事，正说不能有效地解决问题，反说反而会起到意想不到的作用。正话反说，是指用与本意相反的话来表达本意。这样可以避免正面冲突，含蓄委婉，入情入理，收到一种出奇制胜的劝谕和讽刺效果。

战国时期，楚国有一位能言善辩的人名叫优孟，他善于在谈笑之间劝说国君。楚庄王有匹爱马，楚庄王看重这匹马远远超过人。比如他为马披上锦绣的衣服，将它养在华丽的房舍里，马站的地方设有床垫，并用枣脯来喂它。可是，马因为吃得太好太多，不久就患肥胖病死了。庄王非常难过，下令全体大臣给马戴孝，不仅准备给马做棺材，还要用大夫的礼仪来安葬马。群臣对楚庄王的做法都非常反对，纷纷上书劝庄王别这样做。楚庄王对群臣的劝说十分反感，并下令说："谁再敢对葬马这件事进谏，格杀勿论！"

由于庄王的淫威，群臣们都不敢再进谏。优孟听说这件事后，马上来到殿门，刚步入门阶就仰天大哭。庄王见他哭得这么伤心，觉得很惊奇，问他为什么大哭。

优孟说："这匹死去的马是大王最疼爱的，楚国是堂堂大国，用大夫的礼仪来安葬，礼太薄了，一定要用国君的礼仪来安葬它。"

楚庄王听到优孟不像群臣那样拼死劝谏，而是支持他的主张，不觉喜上心头，很高兴地问道："照你看来，应该怎样办才好呢？"

"依我看来"，优孟清了清嗓子，慢吞吞地说，"以雕工做棺材，用耐朽的樟木做外椁，以上等木材围护棺椁，派士兵挖掘墓穴，命男女老少都参加挑土修墓，齐王、赵王陪祭在前面，韩王、魏王护卫在后面，用牛、羊、猪来隆重祭祀，给马建庙，封它万户城邑，将税收作为每年祭马的费用。”说到这里，优孟才将话锋一转，指出了庄王隆重葬马之害，“这样，诸侯听到大王对死马的葬礼如此隆重，都知道大王认为人卑贱而马尊贵了。”

这么一点，的确点到了庄王葬马的要害，一个统治者竟会“贱人而贵马”，必然为世人所厌弃。问题到了这样严重的地步，不能不使庄王大为震惊，说道：“寡人要葬马的错误竟到了这么严重的地步吗？那么该怎么办才好呢？”

优孟说：“请让我为大王用葬六畜的办法来葬马吧：用土灶作外椁，用大锅作棺材，用姜枣作调味，用木兰除腥味，用禾秆作祭品，用火光作衣服，把它葬在人的肚肠里。”于是，庄王听从优孟的劝谏，派人把马交给掌管厨房之人去处理，不让此事传扬出去。

优孟采用的办法就是正话反说，不直接说出自己的意思，而是从相反的方向委婉含蓄地表达自己及众大臣的意愿，让楚庄王接受。所谓正话反说，就是把话反过来说，使之形成明显的反差。其最主要的方法是“贬义褒用”。人们常常说真理向前一步就可能变成谬误，同理，反面的话稍加引申就可能成为反面的反面——正面。正话反说所能起到的作用，往往比一本正经地拒绝、规劝和说教效果要好得多。

汉武帝刘彻有位乳母，在宫外犯了罪，被官府抓了，并禀告汉武帝。汉武帝心中十分为难，毕竟是自己的乳母，滴水之恩当涌泉相报，何况自己是她的乳汁养大的。但是，天子犯法与庶民同罪，如果不处置她，有失自己天子的尊严，以后何以君临天下。思来想去，汉武帝决定以大局为重，依法处置自己的乳母。

乳母深知汉武帝的为人，知道自己凶多吉少，便想起了能言善辩的东方朔，请求东方朔帮自己一把。

东方朔也颇感为难，他想了想说：“办法也有，但必须靠你自己。”

乳母急切地问：“什么办法？”

东方朔说：“你只要在被抓走的时候，不断地回头注视武帝，但千万不要说话，也许还有一线希望。”

乳母虽不解其中玄机，但还是点了点头。

当传讯这位乳母时，她有意走到武帝面前向他辞行，用哀怨的眼神注视着武帝，几次欲言又止。汉武帝看着她，心里很不是滋味，有心想赦免她，又苦于君无戏言，无法反悔。

东方朔将这一切看在眼中，知道时机成熟了，便走过去，对那位乳母说：“你也太痴心了，如今皇上早已长大成人，哪里还会再靠你的乳汁活命呢？你不要再看了，赶紧走吧！”

武帝听出了东方朔的话外之音，又想起了小时候乳母对自己的百般疼爱，终于不忍心看乳母被处以刑罚，遂法外开恩，将她赦免了。

东方朔一番正话反说终于救了乳母。正话反说的方法是职场说话时的一种常用方法。反说出来的话能使本来也许是困难的交往变得顺利起来，让听者在比较舒坦的氛围中接受信息。在日常交谈中，总会有一些让我们不便、不忍或语境不允许直说的话题，用正话反说的曲折手法，可使人们在轻松的情境中相互沟通，使处于紧张的局面得到缓解。

在职场上，“正话反说”的语言艺术如果巧妙运用在劝谏领导上，往往能出奇制胜，带来好的效果。懂得利用好这种方法，你和领导说话时定会一帆风顺。

## 6. 巧说圆场话，为领导解围

当领导的人，一般都比常人爱面子，尤其是在下属面前。如果在公共场合遭遇尴尬，那是非常令人沮丧的事。这个时候，作为下属就要站出来，帮领导打个圆场，缓和一下尴尬气氛，领导也会对这样的下属心存感激的。相反，如果领导遭遇尴尬时，下属不仅不帮助领导解围，只想着自己脱干系，那么你在这个领导面前工作的时间也就不会太长了。

公司里新招了一批职员，老板抽时间与大家见个面。

“黄晔(huá)!”

全场一片寂静，没人应答。

老板又念了一遍。

一个员工站了起来，怯生生地说：“我叫黄晔(yè)，不叫黄晔(huá)。”

人群中发出一阵低低的笑声。

老板的脸色有些不自然。

“报告经理，我是打字员，是我把字打错了。”一个精干的小伙子站了起来，说道。

“太马虎了，下次注意。”老板挥了挥手，继续念了下去。

这位打字员真是个“补台”能手。相信他以后一定仕途亨通，任谁也挡不住。

果然，一周之后，他被升为公关部经理。

从个人感情上讲，每个上司都喜欢有一个为自己工作上拾遗补阙的下属。如果你能够与上司结为知己，在适当的时候，为上司填补一些工作上的漏洞，维护上司的威信，对自己的事业及前程当然大有好处。

慈禧爱看京戏，所以不断有戏班子进宫专门给老佛爷演出。慈禧喜怒无常，这些戏子们都提心吊胆。演得好了，老佛爷开心了，便赏赐给他们一些小玩意，以示皇恩浩荡；演得不合老佛爷的胃口，他们便有掉脑袋的危险。

有一次，著名的京戏演员杨小楼率领他的戏班进宫给老佛爷演出。这天，慈禧心情舒畅，看完戏后，把杨小楼召到跟前，指着满桌子的糕点说：

"这些都赏赐给你，带回去吧！"

慈禧这人极为奢侈浪费，她一顿饭能点二百多道菜，可想而知那些糕点也绝不会少，杨小楼心想：这么多糕点，我怎么带回去呀？

于是，便叩头谢恩，壮着胆子说：

"叩谢老佛爷，只是这些尊贵之物，奴才不敢领，请……另外恩赐……"

这话把周围的宫女太监们都吓了一跳，按老佛爷的脾气，赏赐你的东西你不要，还敢要求另外赏赐，这不是找死吗？哪知，这天偏偏慈禧心情出奇的好，并未动怒，只是问了一问：

"那你要什么？"

杨小楼又叩头道："老佛爷洪福齐天，不知可否赐个字给奴才。"

慈禧听了，一时性起，也想露一手给大家瞧瞧，便让太监捧来笔墨纸砚。慈禧大笔一挥，一个硕大的"福"字就写成了。没想到的是，慈禧的这出戏却给演砸了。她把"福"字写多了一点。慈禧身旁的一位小王爷眼尖嘴快，马上告诉了慈禧："'福'字是'示'字旁，不是'衣'字旁呢！"

杨小楼一看，的确是写错了。这可怎么办？若是拿回去遭人议论，要是传到慈禧耳中，不知又有多少人要遭殃。不拿吧，慈禧动怒自己不会有好下场。要也不是，不要也不是，他一时急得直冒冷汗。气氛一下子紧张起来。慈禧也觉得为难，确实是自己写错了，不想让杨小楼拿出去丢人现眼，但自己也无法开口要重写一张。

这时，一旁的李莲英灵机一动，不慌不忙地走向前，笑呵呵地说："老佛爷洪福齐天，她老人家的'福'自然要比世人的多一'点'了。要不怎么显示出她老人家的高贵呢？"杨小楼一听马上心领神会，连忙叩首道：

"老佛爷这万人之上之福，小人怎敢领呢！"

慈禧正愁没法下台，听这么一说，也就顺水推舟，笑道："好吧，隔天再赐你吧！"

李莲英几句圆场的话，却成功地给了慈禧一个台阶下，化解了一场尴尬至极的对话。李莲英作为清末最后一位得宠的大太监，与他的机智灵巧，巧说话的本事是不无关系的。

领导也是人，也有说错话做错事的时候，那么当领导说错话的时候，身为下属的你是不是就可以直接进言，或者嘲笑以对呢？答案是否定的。你要针对领导的脾气秉性，说错话的场合，说的错话可能造成的影响等来决定需要采取什么应对方法。需要注意的是，在考虑采取什么方法的时候，你在公司里的地位及你与领导的关系的亲密度也是你必须考虑的因素。

第一种情况是，领导说错了话，而这些错误无论在什么场合都根本不会影响你的利益，不会影响到你的工作，甚至也不会使公司遭受损失，你就可以装聋作哑，听见了也装作没听见或没听明白。这样你就可以避免一些是非，也不会让领导处于尴尬和困窘的地位。

当然，你做出听见了但不是很明白的样子，并要求领导作更清楚的说明与解释，这样，你就可以通过让领导对你没弄明白的事进行说明解释，给他一个纠正自己说错的话的机会。这种方式通俗地说也叫为领导架梯子。

第二种情况是，如果领导是在只有自家人的场合说错话，你也可以揪住这个机会。把错话夸张放大，然后开一个合适的玩笑幽领导一默。毕竟生活也是需要幽默的。不过要注意，开玩笑的时候一定要看准场合和领导的情绪，千万不要自找死路，自讨没趣。

第三种情况是，如果领导是在你正在和顾客谈一笔至关重要的生意的时候说了几句不该说的话，而这些话很可能会影响生意的成败，你就要慎重对待了。你要清晰地意识到，领导决定着你在公司的职位升降和收入高低，而生意的成功与否又会直接影响你的工作绩效和收益高低，但另一方面看，领导说了错话，这也是你为公司拾遗补阙、挽回损失的一个好机会。这时，你可以立刻插话进行说明，借对客户做出解释的机会对领导的话进行必要的纠正，或者提醒领导，让领导自己纠正自己说错的话，或者给领导递条子、使眼色、做手势，向领导进行暗示，或者当时不打断领导的话，事后再进行申明和补救，或者在事后提醒领导，让他自己决定怎么去处理。但无论如何你都不应该当众让领导难看或事后在同事面前谈论领导的错误，甚至用讥讽的口吻四散传播流言，同时贬损领导以证明自己的聪明。要知道，在职场上，不论你说什么，对谁说，最后你的话都会反馈到领导那里，所以这样做对你而言是有害无利的。

某保健品厂研究所的办公室主任郭亮先生，就是因为不懂为上司“补台”而毁了前程的。

数年前，郭亮从某名牌大学毕业分到这家保健品厂。由于郭亮学历高、办事利索，很快就从车间的技术员调到保健品厂研究所。没几年，又从一名普通研究员晋升为研究所办公室主任。已过而立之年的郭亮，被一帆风顺冲昏了头，在关键时刻办了一件傻事。有一次，研究所经认真研究、认证，出台了一套改革方案，由于在设计工艺流程时出了差错，致使整套方案全部“泡汤”，浪费了大量的人力、财力。

上司追究责任，郭亮说：“这套工艺流程是在所长主持下完成的，其他人只是具体办事。”郭亮说这番话时，他手下有个职员一字不漏地记了下来。

翌日，所长把郭亮叫到他的办公室，冷冷地说：“郭主任，你真会谈话啊，有了过错往上司身上推……”一席话说得郭亮目瞪口呆。没过多久，郭亮被莫名其妙地免去了办公室主任的头衔，调到公司关系协调办去了。

金无足赤，人无完人，上司也是如此。工作千头万绪，用人管人千难万难，疏忽和漏洞在所难免。这时候，作为下属就应该主动出击，帮助上司解围！无论哪个上司都喜欢给自己补台的人，如果你在关键时刻给上司来个“落井下石”，那么你就要小心你的前程问题了。

## 7．嘲笑领导的话千万别说

领导也会做错事情，他和我们一样会有偏见、喜怒，当然也会有判断失误的时候。因此，如果领导犯错误，千万不可当面指责，更不能在其背后取笑，以免使领导对你心存芥蒂。在职场上，再大度的领导也不能容忍员工的嘲笑。嘲笑的力量很可怕，无论是普通人还是光鲜的老板，都可能在嘲笑之下丧失信心，甚至产生自卑的心理。没有一个领导愿受员工的嘲笑。

1825年，新的沙皇尼古拉一世登基，立即爆发了一场自由分子领导的叛乱。尼古拉一世残忍地平定了这场叛乱，同时判处其中一名领袖李列耶夫死刑。行刑的那一天，李列耶夫在一阵摆动后，绳索断裂了，他猛然摔落在地上。在当时，类似这样的事件会被当成是天意或上帝恩宠的征兆，犯人通常会得到赦免。李列耶夫站起身时，满身的淤青和土，但在确信保住了脑袋后，他掩盖不住内心的喜悦，竟然向着人群大喊：“你们看，在俄国他们不懂得如何正确做任何事，甚至连制造绳索也不会。”一名信使立刻前往宫殿报告绞刑失败的消息。虽然懊恼这令人失望的变化，尼古拉一世还是提笔签署赦免令。

“不过，奇迹发生之后，李列耶夫有没有说什么？”沙皇询问信使。

“陛下，”信使便回答，“他说在俄国，他们甚至不懂得如何制造绳索。”

“这种情况下，”沙皇说，“让我们来证明事实相反。”于是他撕毁了赦免令。

第二天李列耶夫再度被推上绞刑台。这一次绳索没有断裂。祸从口出，只为一时心里痛快的一句话，断送了一条命，如果李列耶夫泉下有知，他将明白他一生中最大的不幸就是说了“俄国连绳子也不会制造”这样一句话。

你可能会为李列耶夫的愚蠢发笑，却不会想到，生活中往往也有人存在类似的毛病：说话不分时间、场合、对象，总喜欢嘲笑指责他人。这种做法是极其错误的，尤其是面对领导的时候。在职场上，维护领导权威和尊严是每位员工要铭记的。

小马毕业于一所名牌大学，被一家私营企业聘用。企业的老板是农民出身，在小马的眼中就是个土老帽，别说说一口流利的英文了，有时候甚至连个简单的英文单词也要向他请教。从工作的第一天开始，小马就没有将自己的老板当成老板看待。由于小马在国外留过学，英文很好，所以公司与国外企业洽谈生意，老板都会带上他。小马以他流利的口语、俊朗的外表以及与人交往的能力，迅速在老板心目中树立了良好的形象。在他的帮助下，公司的国外业务越来越好，老板越来越器重他。即便如此，小马仍然没有将老板的器重当回事，还是觉得是老板有求于他。

有一次，公司与外商洽谈合作事宜，老板没有听清楚外商最后说的那句话，就问小马刚才人家说了什么，他就故意放高声音说：“就是说了句很高兴认识你 。这个我以前跟你说过很多次了，怎么还记不住啊？”这个声音足以让外商听清楚，暂且不说他们能否听懂中文，就是那不屑的语调足以让外商惊讶了：一个员工怎么能这样跟老板说话？

当时，老板没有任何反应，但从那开始，他渐渐对小马冷淡起来，公司有些活动也不再带着他。他一开始还纳闷到底什么原因让老板的态度发生了如此大的转变。直到有一天，人力资源部门开始着手招聘他这个职位的新员工时，他才意识到了什么，只好主动辞职。

现在许多人特别是年轻人常会像对待朋友一样地对待自己的上司，说话一点儿也不讲究。这是十分错误的。在职场上，你可以给上司提建议，甚至可以用自己的知识、经验以及调查结果去否决他的决定，但你不能嘲笑上司，更不能因为他的决策与你所想的不符就嗤之以鼻。

小钱年轻干练、活泼开朗，入行没几年，职位“噌噌”地往上升，很快成为单位里的主力干将。几天前，小钱被领导叫了过去：“小钱，你经验丰富，能力又强，新领导走马上任，这里有个新项目，你就多费心盯一盯吧！”

受到新领导的重用，小钱欢欣鼓舞。恰好这天要去上海某周边城市谈判，小钱一合计，一行好几个人，坐公交车不方便，人也受累，会影响谈判效果；打车吧，一辆坐不下，两辆费用又太高，还是包一辆车好，经济又实惠。

主意定了，小钱却没有直接去办理。几年的职场生涯让他懂得，遇事向领导汇报一声是绝对必要的。于是，小钱来到领导跟前说：“老板，您看我们今天要出去……”小钱把几种方案的利弊分析了一番，接着说：“所以呢，我决定包一辆车去！”汇报完毕，领导沉着脸说：“是吗？可是我认为这个方案不太好，你们还是买票坐长途车去吧！”小钱愣住了，他万万没想到，一个如此合情合理的建议竟然被打了“回票”。“没道理呀，傻瓜都能看出来我的方案是最佳的。”小钱大惑不解。

小钱凡事都向领导汇报的意识是很可贵的，错就错在措辞不当。注意，小钱说的是：“我决定包一辆车！”在领导面前，说“我决定如何如何”是最犯忌讳的。如果小钱能这样说："老板，现在我们有三个选择，各有利弊。我个人认为包车比较可行，但我做不了主，您经验丰富，作个决定行吗？"领导听到这样的话，绝对会做个顺水人情，答应你的请求，这样岂不两全其美？

上司虽然身居高位，但这不代表他时时刻刻都比他的员工强。上司也是平常人，也有这样那样的缺点和不足，有时候也会犯错误。在有些能力强的员工眼里，上司根本就是一个一无是处的人。也许你认为你的上司一点儿能耐都没有，他当上司也纯粹是机缘巧合。但是，即使你这么想，也不能让嘲笑上司的话肆无忌惮地脱口而出。嘲笑上司就是在冒犯上司的尊严，人的尊严不可冒犯，你的工作掌握在上司手里，他的尊严就更不可冒犯了。

## 第六章

# 因人而异，见什么人就说什么话

到什么山唱什么歌，见什么人说什么话，可以收到事半功倍的效果。与人交谈之前，你应该搞清楚对方的个性。假如他喜欢委婉，你就说些流利的话；假如他喜欢率直，你就说些直接的话；假如他崇尚学问，你就说点高深的话；假如他喜欢谈些琐事，你就说点浅显的话。如果你能这么做，那么保证你受益无穷。

1

## 见什么人说什么话

世界上没有两个完全相同的东西。在生活当中，每个人也都是不一样的。因此，就存在心理特点、脾气秉性、语言习惯等方面上的不同。也正是由于这个原因，决定了每个人对语言信息的要求是不同的。所以，不能用统一的通用的标准语的说话方式来跟任何一个人交流。这时，我们就要做到“看什么人，说什么话”。

古时有一个书呆子，说话不看对象，总爱咬文嚼字。有一次睡觉被蝎子蜇了，便摇头晃脑地喊道：“贤妻，速燃银烛，你夫为虫所袭！”一连说了几遍，他的妻子怎么也听不明白。

他更着急了，说道：“身如琵琶，尾似钢锥，叫声贤妻，打个亮儿，看是什么东西。”

他的妻子还是不知怎么回事。结果他痛得熬不住了，一气之下道：“老婆，快点灯，蝎子蜇了我啦！痛死我了！”

这则笑话提示我们，讲话时一定要先看对象，这一点是绝不能忽视的。说话不考虑对象，等于射击不瞄准。见什么人说什么话是沟通的秘诀，也是和别人相处，交朋友，给人好印象，了解对方的秘诀，这是一种技巧，一种艺术。也就是说，和对方交谈时，应尽量使用对方能够认同的语言，并说对方熟悉、关心的话题。比如说，和上海人说话就用“阿拉”，和北京人说话就学学京腔……说得不地道没关系，只要你说了，便能获得他们对你的认同。在话题方面，比如你和有小孩的女性说话，可以说说孩子教育和柴米油盐酱醋茶；和贸易公司的职员说话，可以说说市场景气问题……说得不深入没关系，只要你开口了，他们便会不由自主地告诉你很多关于他自己和工作上的事情，如果你还善于引导，他恐怕连心事都要掏出来了。

《鹿鼎记》中的韦小宝虽然大字不识一箩筐，但是在人际交往、左右逢源方面却具有超凡的才能。他不但得到康熙的重用，而且得到了天地会、神龙教以及九难神尼等众人的信赖和喜爱。韦小宝的处世之道中最重要的一点就是，他懂得如何根据每个人的性情和心思来说话、办事。

康熙得知顺治帝没有死而是在五台山出家，于是派韦小宝到五台山出家做和尚，以方便照顾顺治。小宝听后心中大惊，本是一千个一万个不愿意。虽然皇上说与小宝是朋友，但是小宝明白这只是皇帝一时高兴说的，二人地位悬殊不可能真正成为平等的朋友。所以韦小宝还是微笑着对康熙说："你差我去办什么事，原是赴汤蹈火，也在所不辞，别说去做和尚，就是乌龟王八蛋，那也做了。皇上放心，我一定尽心竭力，服侍老皇爷，让他老人家身子康强、长命百岁……还有……永享仙福、寿与天齐。"皇帝听了韦小宝这番话十分欣慰，不但重赏了他，在心里自然又和他更亲近了。

一句话在不同场合，面对不同的人就有不同的说法，如果不能妥善运用，随机应变，就无法发挥说话的功能。因此，只有面对不同的语言环境随机应变，才能取得最佳的表达效果。如果你能这么做，那么保证你受益无穷。

有一则笑话，颇能说明如何"见什么人说什么话"。说是某人擅长奉承，一日请客，客人到齐后，他挨个问人家是怎么来的。第一位说是坐出租车来的，他大拇指一竖："潇洒，潇洒！"第二位是个领导，说是亲自开车来的。他惊叹道："时髦，时髦！"第三位显得不好意思，说是骑自行车来的。他拍着人家的肩头连声称赞："廉洁，廉洁！"第四位没权也没势，自行车也丢了，说是走着来的。他也面露羡慕："健康，健康！"第五位见他捧技高超，想难一难他，说是爬着来的。他击掌叫好："稳当，稳当！"看到这里，你也许会捧腹大笑，但细细思忖之下，定能悟出见什么人说什么话的奥妙之所在。

在人际交往中，要想赢得他人的好感定要注意你的说话方式需因人而异。你要做到以下几点：

(1)看对方的性格说话

看对方性格外向、开朗，你就可以和她开玩笑、斗嘴，她会很自然地接受；若对方性格内向、敏感，你可以讲一些适合的笑话，让她开朗一些，最重要的是表现真诚，挖掘一些对方比较在意，隐藏在内心深处的话题，让对方感觉你是在真心地关心她。

(2)看对方的性别说话

同样的话对男人和女人的作用是不一样的。如果说人胖时，男性会一笑了之，而女性则可能很生气，这是性别带来的差异。所以，说话时我们要注意到这种差异，对不同性别的人说不同的话。不过也有例外，有的女孩性格外向，个性鲜明，男孩子气十足，你若跟她谈化妆、美容，她也许会毫无兴趣，如果谈足球、谈姚明，她可能会兴致勃勃。所以，最好结合对方的性格和性别来进行交流。

(3)看对方的身份说话

如果你对识字不多的人摆出一副知识分子的架子，满口之乎者也，肯定会让对方满头雾水，难以接受。如果你对文化修养较高的人，开口就是一副江湖气，也容易引起对方反感，难以获得对方的信任和好感。一位教授来农村考察，向一位八十多岁的老爷爷问道："老人家，您今年贵庚几何?"老人想了半天，不知教授所言何事。然后反问"什么贵庚?"教授解释："就是你多大岁数了。"老爷爷这才明白。这位教授说话不看对象，难怪会闹笑话。所以，要想收到理想的表达效果，就应当看对方的身份说话。

(4)看对方的年龄说话

年龄大的人喜欢回忆往事，可以和他们聊聊本地市政的沿革、民情的变迁、风俗的演化等，也可以和他们聊一聊他的子孙后代，这些都是他们感兴趣的话题；和事业有成的中年男士谈话，可以谈事业，谈他的房子、车子；若是事业无为者，就说平平淡淡的生活才是真正的生活；对中年女人，要夸她的孩子聪明伶俐，活泼可爱；和青年小伙子谈话，可以和他一起憧憬一下美好的未来；大多数青年女子最关心的是发型、美容、衣物、化妆品和流行趋势等，和她们谈这些，她们很容易就会打开话匣子。

总之，只要你掌握了以上几点，相信你与他人的交流会变得容易很多，你的交际水平自然也会得以提高。

## 2. 出门观天色，说话看脸色

俗话说："出门观天色，进门看脸色。"观天色，可推知阴晴雨雪，携带雨具，以不受日晒雨淋。看脸色，便可知其情绪。如果把察言观色比作看天气预报，那么看一个人的脸色应如"看云识天气"一样，同样也有很深的学问。比如对方在跟你谈话的时候，眼睛不停地往别的地方看，同时有人在小声讲话，这说明由于你的来访打断了一些对别人来说非常重要的事，主人心里惦记着这件事，虽然他在接待你，却是心不在焉。这个时候，聪明的做法是赶紧打住，把你想请他办的事说出来，然后告辞。如果在你与对方交谈的过程中，门铃突然响起来，或者电话铃，这个时候，你应该主动中止交谈，让主人去接待来人，接听电话。不能听见了也装没有听见，接着滔滔不绝地说个不停，这样主人会左右为难的，对你自然也不会有什么好印象。

有位记者去某足球队采访，一进门，发现休息室气氛沉闷，教练铁青着脸，双眼圆睁。队员们耷拉着脑袋，垂头丧气。他赶紧退了出去，取消了这次采访。后来，他打听到，球队刚刚在比赛中吃了败仗，正在怄气。倘若当时他不看脸色，硬要不识趣地去采访吃了败仗的足球队，不但不会有什么收获，而且还会挨骂。

还有一例：妻子在单位生了气，虽然尽量克制，但回家仍是不高兴。丈夫只注意到妻子好像和平时有点不一样，但并未深究。结果，当他和妻子谈到一件事情而意见不一致时，没说几句话，两人就吵了起来。

看来，这位记者颇有经验，懂得采访的“火候”。而那位丈夫就有点不太会看人脸色了。因此，在职场学会察言观色，留意对方的表情，互谅互让，该躲则躲，当止即止，就可避免许多不必要的纠纷。

一个举人经过三科，又参加候选，才得到了一个山东某县令的职位。第一次去拜见上面的官员时，不知道自己该说什么话。沉默了一会儿，忽然问道：“大人尊姓？”这位官员很吃惊，勉强说了姓氏。这位新任县令低头想了很久，说：“大人的姓，好像百家姓中没有啊。”这位官员就更加惊异了，他说：“我是旗人？难道贵县不知道吗？”这个新任县令就站起来说：“那么，再请问大人在哪一旗？”这位官员说：“正红旗。”县令说：“正黄旗是最好的，为什么大人不在正黄旗呢？”这时，这位官员勃然大怒，问：“贵县是哪一省的人？”县令说：“广西。”上司说：“广东最好，你为什么不在广东？”县令吃了一惊，这才发现上司满脸怒气，赶快走了出去。第二天，上司令他回去，任学校教职。

这到底是什么原因呢？其实就是新任县令不懂得察言观色惹的祸。有位心理学家曾讲过：“在世界的知识中，最需要学习的就是如何洞察他人。”可以说，每一个拥有良好人际关系的人，每一个善于驾驭人的人都是善于察言观色、善于察觉别人身体语言并作出有效反应的。

和珅可谓中国历史上少有的善于察言观色的高手！和珅是乾隆朝的大红人。他“少贫无籍，为文生员”，到了乾隆四十年(1775)才被擢为御前侍卫。但自此之后，和珅深得乾隆的宠信，青云直上，任军机大臣长达20年之久，可谓空前绝后。这很大程度上是因为和珅非常“善解乾隆意”。

乾隆皇帝喜欢吟诗作赋，和珅早年就下工夫收集乾隆的诗作，并对其用典、诗(词)风、喜用的词句了解得一清二楚，闲来还有所唱和，令皇帝对和珅另眼相待。而作为一个满人，和珅能在诗赋上有所建树，这着实不易！清朝大文学家袁枚就曾诗夸和珅曰：“少小温诗礼，通侯及冠军。弯弓朱雁落，健笔李摩云。”另据朝鲜使臣记载：乾隆皇帝每问和珅一件事，和珅不仅回答问题有条有理，还能将事情的来龙去脉说得清清楚楚，令“上意甚欢”。

乾隆的母后去世时，和珅的表现最为出色。他不是像其他皇亲国戚、官宦臣下那样一味地劝皇上节哀，或说一些无关痛痒的话，而只是默默地陪着乾隆跪泣落泪，不思寝食，几天下来人就搞得面无血色，形容枯槁。如此能与皇帝同感共情的人，朝中只有和珅一人！因此也深受乾隆皇帝宠信。此外，史书载，一次乾隆出游，途中忽命停轿却不言为何，别人都很着急。和珅闻知后，立即找到一个瓦盆递进轿中，结果甚合上意，溺毕继续起驾。一路上，人们都佩服和珅脑子灵，取悦龙心有术。另据史书：“高宗(指乾隆)若有咳唾，和珅以溺器进之。”乾隆是一个非常诙谐的人，喜欢与臣下开玩笑。据此，和珅经常给乾隆讲一些市井的俚语笑话，令皇帝龙心大悦，这不是一般军机大臣所能做到的。凡此种种，都是和珅的过人之处。

在职场中，善解人意就是善察言观色，揣摩人心，想对方之所想，急对方之所急。能做到这一点到哪里都受欢迎。职场环境是很微妙的，处于职场，就要具有一定的察言观色的本领，不能人云亦云。如果我们能在职场中做到真正的察言观色，随机应变，那么，这也可以说是一种本领了。

如果我们每个人都能察言观色，及时地采用合适的说话方式，那么人际交往一定会更加和谐。

## 3. 不要自说自话，要投其所好

在与人交谈中，许多人总将自己放在主要位置，自始至终一人独唱主角，喋喋不休地推销自己，滔滔不绝地诉说自己的故事。记得有个名人说过，漫无边际的喋喋不休无疑是在打自己付费的长途电话。这样不但不能表现自己的交谈口才，反而令人生厌。因此，说话时，要注意对方的反应，投其所好地调整谈话内容，而不是一味自顾自说。

小刘曾经遇到这样一位爱表现口才的人——某公关公司女性总经理。这次小刘与她洽谈业务。这个女总经理长得蛮漂亮，业务做得尚可，经常在海峡两岸飞来飞去。可是当她话匣子一打开，就滔滔不绝，如黄河决堤，一发不可收拾。小刘亦是业务口才高手，但想插几句话，却始终苦无机会。这位女总经理兴致高昂地叙述她两岸的公关事业是如何蓬勃，小刘则两手在餐桌上玩弄着吸管，心中觉得十分无趣。

30 分钟过后，小刘终于鼓起勇气对这个女总经理说："对不起，待会儿我还有事，我先走了！"

这位女公关总经理过多的"单口相声"没能达到交流思想和增进感情的效果，相反，她却自尝了唱独角戏的苦果。她完全没有顾及到听者的反应。说话是一门艺术，是一门值得推敲的艺术。在人际交往的过程中，说话要揣测对方心理，投其所好才能把话说到别人的心里去。

在这方面，《红楼梦》中的王熙凤可称典范。王熙凤初见黛玉，笑道："天下真有这样标致的人物，我今儿才算见了！况且这通身的气派，竟不像老祖宗的外孙女儿，竟是个嫡亲的孙女，怨不得老祖宗天天口头心头一时不忘。只可怜我这妹妹这样命苦，怎么姑妈偏就去世了！"

王熙凤是贾府中炙手可热的人物，她的权势多半是来源于贾母的宠信，所以熙凤行事说话时时刻刻都依据贾母的爱憎好恶，揣测其心理。初见贾母的外孙女黛玉，便恭维她是天下最标致的人物，"我今儿才算见了"，似乎是在说她从未见识过，而周旋于贾府上下人中，又是名门之女的王熙凤不是没有见过世面，为什么对黛玉如此夸奖呢？我们知道，是贾母一再执意要把自己唯一的女儿的孩子黛玉接进贾府的，承受失女之痛的贾母自然会把对女儿的感情转移到外孙女的身上，心肝儿肉地疼爱。听到有人这么夸奖外孙女，贾母定是欢喜，尽管这话已恭维到令人肉麻的地步，但又有谁能拒绝呢！接着，熙凤又说黛玉不是贾母的外孙女而是孙女，这显然违背事实。但有时候，假话比真话更让人爱听。由外孙女到孙女，其潜台词是想告诉贾母：黛玉就像是她自己调教出来的孙女一样。此话如扑面之清风，贾母怎不受用？对于寄人篱下的黛玉来说，置身于人地两疏的贾府听到别人的夸奖，并且说自己是贾府的最高统治者贾母的嫡亲孙女，除了高兴之外，说不定还有感激呢！不仅如此，王熙凤始终没有忘记，或者说更清楚黛玉进贾府的原因：姑妈去世。女儿的去世会给贾母以精神上的打击，而失去母亲的黛玉感情上更是不必说。所以熙凤又向二人表达自己的悲伤与哀痛——"怎么姑妈偏就去世了"。真是做尽了人情，好一个八面玲珑的人物！

一个会说话的人，总可以流利地表达出自己的意图，也能够把道理说得很清楚、动听，使别人很乐意地接受。在职场中，只有投其所好，谈论让人关注的话题，我们才能得到自己想要的东西。当我们对他人感兴趣，关心他最关心的人或事时，别人就会感觉到我们对他的诚恳与尊重，同时也会对我们报以微笑。如果我们总是一种不理不睬或高高在上的姿态，对他人没有半点儿兴趣，试想谁还能够对我们充满好感呢？只有关心他人所关心的，才能拉近彼此间的距离，从而使自己得到想要获得的东西，也才能在人际交往中左右逢源。

查尔斯·华特尔就职于纽约市一家大银行。一次，他奉命写一篇有关某公司的机密报告。他知道某人拥有他非常需要的资料，那人是一家大工业公司的董事长。于是，华特尔去见那个人。当华特尔被迎进董事长办公室时，一个年轻的妇人从门边探头进来，告诉董事长，她这几天没有什么邮票可给他。

"我在为我那12岁的儿子搜集邮票。"董事长对华特尔解释道。华特尔说明他的来意，开始提出问题。董事长的说法含糊其辞，模棱两可。很显然，他不想把心里的话说出来。这次见面时间很短，没有任何实际效果。

华特尔当时真不知道怎么办好了，后来，他想起了董事长秘书说的话——邮票，12岁的儿子……联想起自己在银行的国外部门搜集邮票的事——从来自世界各地的信件上取下来的邮票，华特尔有了主意。

第二天早上，华特尔又去找那人，传话进去，说有一些邮票要送给他的孩子。华特尔被热诚地带了进去。那个董事长满脸带着笑意，客气得很。"我的乔治将会喜欢这些。"他不停地说，一面抚弄着那些邮票，"瞧这张！这是一张无价之宝。"

华特尔回忆这次见面说："我们花了一个小时谈论邮票，看他儿子的照片，然后他又花了一个多小时，把我所想要知道的资料全都告诉了我——我甚至都没有提议他那么做，他把他所知道的，全都告诉了我，然后叫他的下属进来，问他们一些问题。他还打电话给他的一些同行，把一些事实、数字、报告和信件，全部告诉我。用一位新闻记者的话来说，我大有所获。"

这个关于邮票的故事，我们似乎在别的成功人士的传记里也看到过。

相信在我们的现实生活中，这样的事件也不少。假如我们像华特尔那样会说话，那还会有什么事情是干不成的呢？对别人显示你的兴趣，关心他最关心的事或人，是与人交际中必须要学会的一件事。它不仅可以让你交到许多朋友，有时候还会有意外的收获。

## 4. 欲擒故纵，站在对方的立场说话

美国汽车大王福特说过："如果说成功有秘诀的话，那就是站在对方立场上认识和思考问题。"在说话技巧上这一点也相当实用。在职场中说话，站在对方立场上，才能让别人听着顺耳，觉得舒服。站在对方立场上，设身处地地想，设身处地地说。如此，不仅能使他人快乐，也能使自己快乐。站在对方的立场考虑问题，你会发现，你跟他有了共同语言，他所思所想、所喜所恶，都变得可以理解甚至显得可爱。

玛丽是自行车行里的一位年轻的促销员。一天，有一对夫妇带着孩子来车行看车。玛丽热情地接待了他们。当然，玛丽极少说话，只是请他们自己慢慢地看。最后，夫妇选中了某种型号的车子，但他们嫌这辆车比其他品质相近的车子贵了50元。细心的玛丽看到这种情况，便做了如下的介绍："你们的这种感觉我同样也有，只是以后你们就会发现，这50元是你们花得最值的部分。因为这辆车有一个非常好的名字，叫作'请您放心'，它有一个很好的刹车器，经久耐用，方便简单，更为重要的是，它安全可靠。"

当看到夫妇俩点头认同，玛丽继续说："太太，您的小孩骑自行车，您最担心的是什么？应该是安全问题吧？多花50元买一个安全，您难道不觉得很值得吗？而且这辆车，您的孩子至少可以使用5年，5年才多花了50元，每天多了不到1分钱。你们还有顾虑的吗？”

这对夫妇听后觉得玛丽说得非常对，便买下了那辆自行车。

在职场中说话，要获得对方的认同，就必须首先要为对方着想，关注对方的利益。当你一再强调，产品能为对方带来什么好处时，对方一般都会感动的。当然，我们首先要做的是，认真观察和了解顾客比较关心的是什么。你的精力和说话内容最好都落在对方关注的需求上。

世界上没有说不好的话，关键看你会不会转变一下思想，站在对方的立场，先想想别人。很多人往往习惯将自己的想法和意见强加给别人，总觉得自己的做法和意见才是最好的解决方式。虽然出发点都是好的，是为了帮助别人解决某些问题，但是却始终没有站在对方的立场上想过这样是否适合？所以当我们和别人商谈什么事情时，我们不应该先自我确定标准和结论，应该站在对方的立场仔细想想，关心询问对方对这件事情的看法和应该如何解决这个问题，而不是直接讲一番自我的大道理来逼迫对方接受。

某精密机械工厂生产某项新产品，将其部分部件委托另外一家小型工厂制造，当该小型工厂将零件的半成品呈示总厂时，不料全不合该厂要求。由于迫在眉睫，总厂负责人只得令其尽快重新制造，但小厂负责人认为他是完全按总厂的规格制造的，不想再重新制造，双方僵持了许久。总厂厂长看见这种局面，在问明原委后，便对小厂负责人说：“我想这件事完全是由于公司方面设计不周所致，而且还令你吃了亏，实在抱歉。今天幸好是你们帮忙，才让我们发现竟然有这样的缺点。只是事到如今，事情总是要完成的，你们不妨将它制造得更完美一点，这样对你我双方都是有好处的。”那位小厂负责人听完，欣然应允。

也许你会质疑，站在对方的立场上说来容易，实际要做的时候却很难。没错，站在对方立场来说话确实不容易，但却不是不可能。许多口才不错的人都能做到这一点。因为若不如此做，谈话成功的希望就可能很小。真正会说话的人，善于从他人的角度来设想，并且乐此不疲。

有一次，著名的成功学家卡耐基要租用某家饭店的大礼堂讲课。一天，他突然接到通知说，租金要增加3倍。于是卡耐基去与经理进行交涉。他说："我接到通知，有点儿震惊，不过这不怪你。如果我是你，我也会那样做。因为你是饭店的经理，你的职责是尽可能使饭店获利。"接下来，卡耐基给他算了一笔账："将礼堂用于办舞会、晚会，当然会获大利。但你撵走了我，也等于撵走了成千上万有文化的中层管理人员，而他们光顾贵饭店，是你花5000元也买不到的活广告。你可以算一下，哪样更有利呢?"最后，经理被他的这一番话说服了。

卡耐基之所以在交谈中取得了成功，就在于他懂得站在对方的角度考虑事情——"如果我是你，我也会那样做"。从对方的角度出发算了一笔账，抓住了经理的诉求——赢利，从而使其心甘情愿地把天秤的砝码加到卡耐基这边。

## 5. 学会晓之以理，动之以情

说话是一门极其深奥的艺术，想成功地说服对方，就一定要讲究说话技巧。晓之以理，动之以情，是职场中最常采用的说话技巧。假如在说服的时候能够做到晓之以理，动之以情，说服就会变得很简单！

李春是一家银行的信贷员，在向一家习惯于拖欠贷款的公司催收外汇贷款时，他巧妙地将一条“重要信息”带给公司：在国际外汇市场上，美元对日元的比价将可能下跌。而这家公司恰恰是通过收回日元贷款再折成美元偿还银行美元贷款的，拖欠贷款意味着公司要还更多的钱。李春正是利用了这家公司想少花钱这一内在需求，巧妙地暗示，成功地说服对方，收回了贷款。

这个事例告诉我们，晓之以理就是为对方讲明道理。若想以理服人，只有事先详细了解对方观点，然后再开始说服行动。如果对方一旦认为你是站在他的角度上为他着想，而且知道的情况比他更全面，想得比他更周到，对你的建议就更容易接受、采纳。

在职场说话中，晓之以理，还要结合动之以情，通情才能达理。“以情动人”的技巧在于博得同情，达到目的。聪明人都善于用说话博取别人的同情和怜悯以达到自己的目的。

有个女出租车司机把一男青年送到指定地点时，对方掏出尖刀逼她把钱都交出来，她装作害怕样交给歹徒200元钱说：“今天就挣这么点儿，要嫌少就把零钱也给你吧。”说完又拿出30元的零用钱。见“的姐”如此爽快，歹徒有些发愣。“的姐”趁机说：“你家在哪儿住？我送你回家吧。这么晚了，家人该等着急了。”

见“的姐”是个女子又不反抗，歹徒便把刀收了起来，让“的姐”把他送到火车站去。随着气氛缓和，“的姐”不失时机地启发歹徒：“我家里原来也非常困难，咱又没啥技术，后来就跟人家学开车，干起这一行来。虽然挣钱不算多，可日子过得也不错。何况自食其力，穷点儿谁还能笑话我呢！”见歹徒沉默不语，“的姐”继续说：“唉，男子汉大丈夫，干点儿啥都差不了，走上这条路一辈子就毁了。”火车站到了，见歹徒要下车，“的姐”又说：“我的钱就算帮助你的，用它干点正事，以后别再干这种见不得人的事了。”一直不说话的歹徒听罢突然哭了，把200多元钱往“的姐”手里一塞说：“大姐，我以后饿死也不干这事了。”说完，低着头走了。

在这个事例中，“的姐”说话充满了真情，以情感动了这个歹徒，最终取得了良好的效果。人非草木，孰能无情？仁慈心、同情心是人类情感世界中最基本的组成部分，世界上每个人差不多都具有同情弱小和怜恤受难者的仁慈感情。利用这种人性中善良的光辉可以照亮自己的世界，可以使对方的感情之水为之荡漾，即便铁石心肠，也会网开一面。

吉林皮鞋一厂公开向社会选聘厂长，三位投标人参加了这场竞职答辩，其中两位是很有魅力的男士，另一位是张吉荣。开始似乎没有人注意到有位女士存在。出人意料的是38岁的女干部张吉荣（原吉林市委政策研究室副处长，两个孩子的母亲），以她勇于开拓、目标明确的改革精神和情感交融、简洁明快的答辩技巧感染着群众，赢得了绝大多数职工的信任和拥护，成了皮鞋一厂的新任厂长。让我们来看看她是怎样通过答辩获胜的。

张吉荣刚讲述完自己的方案，一位年轻人立刻站起来问：“你是个外行，到皮鞋一厂靠什么治厂，怎样调动起大家的积极性？”她毫不犹豫地说：“论做皮鞋我确实是外行，论管理企业我并不认为自己是外行，何况我们厂还有那么多懂管理的干部和技术高明的老工人，有占全厂职工70%多朝气蓬勃、勇于上进的年轻人。我上任以后，把老师傅请回来，把年轻人的工作、学习和生活安排好，让每个人都干得有劲，玩得舒畅，把工厂当成自己的家。”

张吉荣没有避实就虚地躲躲闪闪，而是就实论实，承认“做皮鞋我确实外行”，给自己树立了一个坦诚的形象。但话锋继而一转，离开了“做皮鞋”这一表面性话题，把问题主动引向深入，在本质性的企业管理上做了文章，利用回答，抓住了一次透露自己上任后打算的机会，自然、亲切，让人感到这位领导是立身于群众基础上的，工厂这个“家”一定能管理好！

紧接着，一位中年妇女问未来的厂长：“咱们厂不景气，去年一年没发奖金，我要求调走，厂长还卡住不放，你上任后能放我走吗?”张吉荣反问:“你要求调走,不就是因为厂子办得不好吗,如果把工厂办好了,我相信你就不走了。如果我来当厂长,请你留下来看半年再说。”她的挽留亲切、诚恳,话音刚落,立即在全场爆起了掌声。

这位妇女因为工厂不景气要调走,张吉荣没有资本挽留人家。“如果我来当厂长,请你留下来看半年再说。”回答没有慷慨激昂的“表决心”式的保证,但她的弦外之音是明白的:半年之内工厂就会有起色!这对工人来说无疑是最振奋人心的消息了。半年,多么短暂,希望即现!难怪厂长的话音刚落,全场立即响起掌声。张吉荣的回答是巧妙的,若含若露。

这时,一位干部代表提问:“现在都在议论党政分开,机构和人员精简,你来了以后要减多少人?”张吉荣回答说:“党政分开,调整干部结构是大势所趋,但这首先是党政职能的改变。现在科室的干部显得人多,原因是事少,如果事情多了人手就不够了。我来以后,第一位的不是减人,而是扩大业务、发展事业。我们要干的事很多,许多部门可以层层承包,自负盈亏,还可以对外承揽加工,增加服务项目,有的变成相对独立的公司,需要人的地方多着呢!至于说党群干部,他们的素质很好,这些年做了大量工作,今后的思想政治工作还得依靠他们!谁有一技之长,都会有用武之地的。”

这可是个对厂里干部极敏感的问题,回答不慎,定会引火烧身,因为每个干部都担心自己有被精简的可能。一个新来的厂长对原厂的机构实行精简,可谓牵一发而动全身,人人关注。我们看张吉荣是怎么回答的。她首先指出“干部多”是相对“事情少”而言的,随着企业发展“我们要干的事很多”,“需要人的地方多着呢!”真正有才干的干部即刻会消除自己“英雄无用武之地”的顾虑,而那些碌碌无为整日混事的干部是不是也该想想自己将适合什么样的“需要”呢?张吉荣说“谁有一技之长,都会有用武之地的”。言外之意当然也有:你若无一技之长呢?真是引而不发!

这位干部刚问完,一位女工随即站起来问:“我都怀孕7个多月了，还让在车间里站着干活，你说这合理吗?”张吉荣回答:“我也是女人，也怀孕生过孩子，知道哪个合理，哪个不合理，合理的要坚持，不合理的一定要改正!”女工们当即活跃起来，一位年纪大的妇女竟在答辩会上激动地谈起了感想:“我们厂百分之七八十是女工，多么需要一位体贴、关心我们疾苦的厂长啊!”

张吉荣依靠寓情于理，以理服人的答辩赢得了厂长的职位，这是语言和智慧的胜利，亦是真诚和真情的胜利。可见，说话要讲技巧。在职场中，如果能晓之以理、动之以情，则能更好地说服对方。

## 6. 话到嘴边也要留三分

在职场中，话到嘴边也要留三分是保护自己的说话技巧之一。三分或者可以变通一下，成为五分、六分、七分、八分，甚至九分。但是，大可不必达到十分。人际关系在运行时，多少有点保留，总比什么都照直说好。

有这样一则寓言故事:

有一天，狮子把羊叫过来问自己是否很臭，羊说:“是的。”狮子就把它的脑袋咬掉了。狮子又把狼叫来问同样的问题，狼说:“不臭。”狮子又把狼咬成了碎块。最后，狮子把狐狸叫来问，狐狸说:“我感冒得很厉害，闻不出来。”结果狐狸活了下来。

可见，说话太诚实了不行，而尽说好话奉承的也遭殃，而只说三分话的才是恰到好处的。《菜根谭》中有这么一句话:“见人只说三分话，不可全抛一片心。"只说三分话，还有七分话，不必对人说出，也许有人以为大丈夫光明磊落，事无不可对人言，何必只说三分呢？要明白，人与人之间只有在舍弃了竞争或明知竞争无用的情况下，才有真正的友谊。在竞争关系中交真心动真情，最终只会更加尴尬而自寻烦恼。这是人性的一种弱点，不是我们所能改变的。有些无原则性子比较直的人，总喜欢找一两个"靠得住"的朋友，这样一来，相互间有个照应，二来遇到有什么"掖不住的话"时可以找个倾吐之处。但有关研究调查表明，对于社会里道出的个人秘密，只有不到1%的听者能恪守得住。这也难怪，现代社会四处都潜藏着利益上的竞争，在这种竞争之下，能找到几个真正可以守密的朋友，这就好比"文人自古多相轻"，为什么相轻呢？还不是因为互相不服气？在同一环境里，多是相同利益、相同地位的朋友，如果利益和地位的天平出现失衡，那么原来的朋友就靠不住了，而鲜见利益互让的朋友。如果你对对方任友唯亲地无话不说，甚至暴露自己的隐私，你就无异于犯了一大"嘴忌"——他没有经过"艺术加工"后再给你传出去，这已经就算对得起你了。

雪曼是一家广告公司的中级职员，在公司她有一个名叫安彤的非常好的同事兼朋友，而且平常有什么话她都喜欢对安彤说。每逢周末她们还经常相约出来玩，彼此相处得也是非常融洽。

有一次，雪曼跟一个同事一起接待一个客户，中途的时候，那个客户塞给了这个同事一个纸包，说是给的"慰劳费"。同事当时犹豫了一下，但是也没说不要，最后走的时候还是顺便把那包东西收到了包里。同事出来后，示意她不要将这件事说出去，因为这在公司的条例里面是大忌。

可是，周日的时候，雪曼和安彤在一起时，安彤突然问她，是不是有个同事收了贿赂？因为她看见那个同事有些慌张地从办公室出来。雪曼起初并不想说，毕竟公司有明文规定，私下收取客户礼金一经发现，绝对是开除，而且自己也答应了那个同事。可是安彤还是继续深究，终于雪曼忍受不了好姐妹的软磨硬泡，开了口，一下就把刚才的事情都说了出来。她反复对安彤说不要告诉别人。结果上班的第二天，那个同事就被老板叫了过去，原来安彤为了自己能够博得经理的信赖与提拔，把雪曼说的话全部告诉了经理。同事走的时候，恶狠狠地说雪曼真是一个卑鄙小人。

在职场中，话说得太多，只会祸从口出。让我们给自己保留一份说话的空间，这并不是什么所谓的心机，仅仅是保护自己的一种方法而已。毕竟社会太复杂，什么样的人都有。轻易相信别人，反而容易上当。所以我们在说话时应当谨慎，以便给自己留一份可以后退的空间。聪明人对于任何事情，在任何时候都会为自己留一条后路。一件事情只显现出他的三分而留七分在其后，不管事情发展如何你都会有足够的空间去把握。所以，逢人只说三分话的说法，还是很有道理的。

逢人只说三分话不是不可说，而是不必说不该说。遇到合适的人，不是说话的时间，也只能随便聊两句；遇到合适的人，时间也允许，但是地方不妥也不能大开座谈会。没遇上谈得来的人，地方又不对，说三分话都已经太多了，倒是碰上有趣的谈话对象，如果只说三分反而正好引起对方的注意，再加上环境好时间好，那七分就有发挥的余地。

林萍就有过说话太多这方面的教训。那时她在一家国企工厂当秘书，企业的几个领导都比较喜欢她，也愿意与她交谈，或让她替他们办一些私事。尤其是工厂的副经理，对她极其信任，有时把厂领导之间的一些事情也讲给她听。她们部门有几十个员工，个别员工为了升职培训就想方设法接近厂领导，副经理对此十分反感。时间长了，林萍觉得非常的苦闷，心中有那么多的秘密不能倾诉。所以后来在与一个十分要好的朋友闲谈时就把副经理讲的事情说了。把秘密和别人一起分享，心理的压力轻松多了。没想到，她的那位好朋友为了升职培训，就把她的话一五一十地告诉了厂长，后来她这位朋友如愿以偿地升了职，而林萍则在厂长找她作了一番貌似肯定实则否定的谈话以后，离开了秘书岗位，回到车间干她的老本行了。

许多人有一个共同的毛病：肚子里搁不住心事，有一点点喜怒哀乐之事，就总想找个人谈谈；更有甚者，不分时间、对象、场合，见什么人都把心事往外掏。其实这也没有什么不对，好的东西要与人分享，坏的东西当然不能让它沉积在心里，要说可以，但不能"随便"说，因为你的每个倾诉对象都是不一样的，说心里话的时候一定要有"心机"，该说则说，不该说千万别说。刚踏入社会的年轻人，思想都比较单纯，往往在与别人交谈时，常常口不择言，毫无保留的余地，想到什么一股脑儿地全都说了出来，还以为这样做是自己对对方的一番诚意。殊不知，如果对方本来就居心不良、意图不轨，那么你说出去的这些话，只会让对方加以利用，从而让你为此付出惨痛的代价。

## 7. 以得体的语言表达"不"

人要学会帮助别人，更要学会怎样拒绝别人。在职场中，说"不"是一个非常重要的环节。古希腊哲学家毕达哥拉斯说过：说最短、最老的字——"好"或"不"，都需要最慎重的考虑。不会说"不"的人，往往使自己陷入被动的人际关系中，而疲于奔命。

著名的波兰钢琴家肖邦有一次在巴黎举行一场盛大的演奏会。有一位贵妇因没有买到票而向肖邦求援，肖邦手中也没有票。而且肖邦不愿给主办者添麻烦，又不能直接拒绝。他答道："遗憾得很，我手上一张票也没有。不过，在大厅里我有一个座位，如果您高兴……"贵妇人非常兴奋地问道："这个位置在哪儿？"肖邦说："不难找。就在钢琴后面。"这个座位是肖邦演奏时坐的，贵妇人只好失望地走了。

肖邦拒绝得既幽默又得体，让对方从心理上觉得受到了尊重，既不觉得面子扫地，又自然地接受他的拒绝。心理学家认为，不会说“不”，这是人际交往中心理脆弱的表现，是不成熟的行为。其实，拒绝并不代表你不友善，也不代表你冷酷无情，没有人情味。不管对谁，只要你不想做的或者违反原则，就要说“不”。否则，将自己的生活搞得压力重重，那样只会累坏我们自己。当然，懂点儿拒绝的说话技巧是很有必要的。拒绝他人时的原则是，不能损伤对方的自尊心，不能使对方难堪。这样的拒绝方式别人才乐于接受。

现实生活中，人们总会遇到需要拒绝别人的时候。尽管你真的很想帮助别人，但是也必须遵循量力而行的原则。当他人有求于你时，你必须有自知之明，力所不能及的事一定要果断、诚实地加以拒绝。这不致给自己造成麻烦，而且是对他人负责的态度。

小周在电器商场工作。一天，他的一位朋友来买洗衣机。看遍了店里陈列的样品，他还没有找到令自己十分满意的那种。最后，他要求小周领他到仓库里去看看。小周面对朋友，“不”字出不了口。于是，他笑着说：“真不巧，前几天我们经理刚宣布过，不准任何顾客进仓库。”他朋友一听，也不好意思再说什么了。

在职场中，如果不好直接拒绝，可以为拒绝找一个借口。在这里，小周是以“他人”为借口而达到了拒绝的目的，尽管他的朋友心中不悦，但毕竟比直接听到“不行”的回答要好多了。有时对一些明显不合情理或不妥的做法必须予以拒绝。但为了避免引起冲突，或由于某种原因不便明确表示，可采用含蓄委婉的语言向对方暗示，以达到拒绝的目的。

我们来看看以色列商人是如何拒绝美国商人的。

美国商人：“我们想把下次会议的地点定在纽约，不知贵公司有没有意见？”

以色列商人："贵国饭菜的味道不符合我的口味。"

美国商人："那您认为法国小吃如何？"

以色列商人："还行，不过我更喜欢吃英国的饭菜。"

以色列商人用"美国饭菜不符合口味"，"法国的饭菜还行"，"喜欢吃英国饭菜"，委婉含蓄地拒绝了把会议地点设在美国、法国的建议，暗示了希望在英国举行会议的想法。

生意谈判桌上，难免会遇到对方在某件事情上情绪不好、措辞激烈的时候。当遇到了这种情况，你会怎么处理呢？一个老练的谈判者会说："我完全理解你的感情。"虽然只是一句话，但却非常巧妙，因为它婉转地表达了一个信息：不赞成这么做。但使对方听了心悦诚服，并使对方产生好感。

在社会交往中，有人需要你帮忙，但你却由于某方面原因而不能帮他时，就需要拒绝他，但千万不要直接拒绝，除非你想失去一个朋友或是想多树立一个敌人。在拒绝之前要先聆听。听完问题的所有内容，再掌握拒绝的要点，比较容易说服对方。拒绝时，还要注意语气。很多人在找借口时会吞吞吐吐，语调也会变得低沉。这种态度反而会让对方更质疑你。因此，说明拒绝理由时，务必口齿清晰，说话节奏保持明快。当然，语气尽量委婉，千万不能与对方敌对。在职场中，遇到需要拒绝的事情，不妨用下列的拒绝方法试一试：

**(1)先扬后抑法**

先扬后抑也可以说成是"先承后转"，这是一种避免正面表述，而采用间接拒绝他人的方法。先用肯定的口气去赞赏别人的一些想法和要求，然后再来表达你需要拒绝及其原因，这样不会直接伤害对方的感情和积极性，而且使对方容易接受，并为自己留下一条退路。

比如："这真的是一个好主意，只可惜由于……我们不能马上采用它，等情况好了再说吧！""这个主意太好了，但是从眼下的条件看，我们不得不放弃它，我想以后肯定会用到的。""我知道你是一个体谅朋友的人，如果不是十分信任我，并认为我有能力做好这件事，你是不会找我的，但是我实在忙不过来了，下次有什么事情我一定尽力帮你做。"如此等等。

(2)巧妙暗示法

有时候,拒绝他人也可以巧借一些典故进行暗示,来达到拒绝他人的目的。有个人藏书颇丰,但是经常为别人借书不还而苦恼,有一天他在一本书上看到一位名家对付别人借书的做法是在书柜上贴上“借书者,傻瓜;还书者,傻瓜”的标签,于是他把这个做法引用过来,并对借书者遗憾地说,我不想让你做傻瓜,也不希望自己被人称作傻瓜。他不但巧妙地拒绝他人,也使自己以后不必为别人借书不还而烦恼。

(3)以攻为守法

有时候,我们会遇到这样的情况:在对方提出某项要求之前,我们已经从别的途径获知此事或在谈话中已经知道对方的目的,但是自己无法做到,这时我们就可以采取以攻为守的办法拒绝他的要求。比如有人找你借钱,你可以在对方之前率先提出要求:“这么巧呀!正好碰到你,我还准备去找你借点钱……”对方一听这话自然不会再向你开口借钱,还会懊悔自己到和尚庙借梳子——走错门了。

(4)自我贬低法

有时候,我们可以采用自我贬低的方法,在玩笑的气氛中拒绝他人,也使自己全身而退。比如说,朋友邀你一起去打球,你就可以说:“我们都是好朋友了,说出来不怕你们笑话,我学了几年始终玩得不像样子,你们看了都会觉得扫兴,为了不影响你们的玩兴,我还是不去为好。”

(5)顺水推舟法

有时候对于某些问题,我们同样也巧妙地把对方设置在同样的情景,引诱对方作出判断,从而让对方明白自己的处境或意思,以巧妙地拒绝对方的要求。

(6)推辞回避法

推辞回避也是一种有效的拒绝他人方法,在不便明言回绝的情况下,推辞回避他人是一种艺术,运用好了不但拒绝了他人,还会取得良好的效果。比如有人托你办事儿,假如你是一个领导成员,你可以这样说:“我们单位是集体领导,像类似这样的情况,需要大家讨论,我个人说了不算数。”意思是“不是我不给你办,而是我办不了”。

# 第七章

## 耐心倾听，只有学会听才能更好地说

倾听是一门艺术，一种技巧。现实生活中，有些人以为沟通就是"听我说"。其实，能让谈话的花朵盛开的，并不是会说话的人，而是会聆听的人。好的沟通是双向的，如果只有人说而没有人听，就不可能沟通，说话的人只是制造出一些声音而已。一个善于倾听的人，往往比那种口若悬河、喋喋不休的人更受人欢迎。

## 1. 不要随便打断别人的谈话

在社交生活中，常常会遇见一些爱随便打断别人说话的人，他们抢过话头后就大说特说，要么让原来的发言者尴尬不已忘了自己要说什么，要么使话题越扯越远浪费交流时间。

有一位老板正与几个客户谈生意，谈得差不多的时候，老板的一位朋友来了。这位朋友插进来了，说："哇，我刚才在大街上看了一个大热闹……"接着就说开了。老板示意他不要说了，而他却说得津津有味。客户见谈生意的话题被打乱了，就对老板说："你先跟你的朋友谈吧，我们改天再来吧。"客户说完就走了。老板的这位朋友乱插话，搅了老板的一笔大生意，让老板很是恼火。

在职场上，随便打断别人说话或中途插话，是有失礼貌的行为。但有些人却存在着这样的陋习，结果往往在不经意之间就破坏了自己的人际关系。我们在与人交谈中，学会倾听，不随便打断对方的话是对别人的一种尊重！在现实生活中，只有先给予别人尊重，才能得到别人对自己的尊重。因此，在与人交谈的过程中，同样也应该注意尊重对方，而尊重对方最起码的要求就是不要随便地打断对方的话。

美国知名主持人林克莱特一天访问一名小朋友，问他："你长大后想要当什么？”小朋友天真地回答：“我要当飞机驾驶员！”

林克莱特接着问：“如果有一天，你的飞机飞到太平洋上空，所有引擎都熄火了，你会怎么办？”小朋友想了想：“我会先告诉坐在飞机上的人绑好安全带，然后我挂上我的降落伞先跳下去。”

当现场的观众笑得东倒西歪时，林克莱特继续注视着这孩子，想看他是不是自作聪明的家伙。没想到，接着孩子的两行热泪夺眶而出，林克莱特这才发觉这孩子的悲悯之情远非笔墨所能形容。于是林克莱特问他：“为什么要这样做？”小孩子的回答透露出一个孩子真挚的想法：“我要去拿燃料，我还要回来！我还要回来！”

因此，当你听别人说话时，不要随便打断别人，要等对方把他所要表达的意思表达完整。这就是听的艺术。认真地听别人的谈话，可以吸取对自己有益的经验，增进相互理解，丰富自己的头脑，实在是受益良多。

世界上的难事之一便是闭上嘴巴，假如你不张开耳朵，不适时地闭上嘴巴，你就会失去无数机会。切记，千万不要太忙于说话，要学会“听话”。交谈的双方在对方谈话的时候均要认真倾听，不要随便打断对方的话，如果必须插话，则应该等对方谈话间歇的时候再插入，而且要表示歉意：“对不起，我想插一句。”很多人常常迫不及待地想发表自己的见解，顾不上细听别人的话，这不仅不礼貌，也是错误的。

查理是一家维修公司的业务员，一天，他对顾客史宾塞先生说：“史宾塞先生，经过我的仔细观察，我发现贵厂自己维修花费的钱，要比雇用我们来干花的钱还多，对吗？”

史宾塞先生说：“我也计算过，我们自己干确实不太划算，你们的服务也不错，可是，毕竟你们缺乏电子方面的……”

还不等史宾塞说完，查理就说：“噢，对不起，我能插一句吗？有一点我想说明一下，没有人能够做完所有事情的，不是吗？修理汽车需要特殊的设备和材料，比如……”

史宾塞先生说：“对，对，但是，你误会我的意思了，我要说的是……”

没等史宾塞先生说完查理又接着说：“您的意思我明白，我是说您的下属就算是天才，也不可能在没有专用设备的情况下，干出像我们公司那样漂亮的活儿来，不是吗？”

史宾塞先生说：“对不起，你恐怕还是没有搞懂我的意思，现在我们这里负责维修的伙计是……”

查理又亟亟地插话说：“史宾塞先生，现在等一下好吗？就等一下，我只说一句话，如果您认为……”

这次，没等到业务员查理说完，史宾塞先生却说：“我认为，你现在可以走了。”

倾听是一种推销手段，倾听更是一种个人的修养。业务员被下逐客令，原因是这个业务员三番五次地打断史宾塞的讲话。在推销中，这是一大忌！在现实生活中，经常随意打断对方讲话的人，也让讲话者生厌。事实上，善于听别人说话的人是不会经常打断别人说话的。社会心理学家在对人际关系的研究中一致指出，人际相处的一个最根本的信条就是：“不打断对方！”只有完全倾听对方的话，才能使对方开怀畅谈。

2.

## 倾听是对他人最大的赞美

学会倾听，这是许多成功者说话的秘诀。多数人在与别人交谈的时候，不注意倾听。他们只关心自己要说什么，只知道抓准机会滔滔不绝，却不知道用耳朵交流。其实，每个人在与别人交谈的时候，都喜欢善于倾听而非善于交谈的人。

当你和一个人说话时，对方看着你，洗耳恭听，而和另一个人说话时，对方总是打断你，抢你的话题或不停地做其他的事情，这两个人你更喜欢哪一个呢？答案很明显，你会选前者，而不喜欢后者，因为后者不懂得倾听。倾听是对别人最好的尊敬。专心地听别人讲话，是你所能给予别人的最有效，也是最好的赞美。不管说话者是上司、下属、亲人或者朋友，或者是其他人，倾听的功效都是同样的。人们总是更关注自己的问题和兴趣，同样，如果有人愿意听你谈论自己，你也会马上有一种被重视的感觉。因此，善于倾听可谓是一种最好的赞美方式了。

敬爱的周恩来总理之所以被亿万人赞颂，很重要的一点是因为他听别人讲话的时候态度认真。不论对方职位高低、年龄大小，他都会一视同仁，认真倾听。对此，一位美国外交官这样评价："凡是会见过他的人，几乎都不会忘记他。他身上焕发着吸引人的力量，长相英俊是一个原因，但是，使人印象深刻的是他的眼睛……当你说话的时候，你会发现他在全神贯注地听，他会记住你和他说的话。这使人觉得很亲切。"

不懂得倾听别人讲话，是人际交往的大忌。注意倾听能给别人留下良好的印象，是维系人际关系、保持友谊的有效方法。许多人之所以不受欢迎，并不是因为他们口才不好，而是因为他们耳朵不好，他们不懂得倾听。心理学研究表明，人们对善于倾听的人会有好感。想成为一个受欢迎的人，就要学会去倾听，而不要堵别人的舌头，不要让说者欲言又止，产生反感。即使说者看上去在对你发脾气，也不要反击，要把话听完。你可以深呼吸，静静地从一数到十，让对方尽情地发泄情绪。你还可以告诉对方"多告诉我一些，我很想知道"，或是"我理解你的失落，我也很难受"。这些话能表达你的同情和理解，能引起对方的好感。如果你不耐烦地说"我正在工作"或"我不关心那些事"，那么别人谈话的积极性很容易受打击，对方可能再也不愿意和你讲话。

倾听是一种礼貌，是一种尊敬讲话者的表现，是对讲话者的一种高度的赞美，更是对讲话者最好的恭维。倾听能使对方喜欢你，信赖你。当我们专心致志地听对方讲时，对方一定会有一种被尊重和重视的感觉，双方之间的距离必然会拉近。

艾萨克·马科森大概是世界上采访过著名人物最多的人。他说，许多人没能给人留下好印象是由于他们不善于注意听对方讲话。“他们如此津津有味地讲着，完全不听别人对他讲些什么……许多知名人士对我讲，他们推重注意听的人，而不推重只管说的人。看来人们听的能力弱于其他能力。”

不只是著名的人，而是所有的人，都喜欢注意听他讲话的人。内战时期，林肯给老朋友写信，请他到华盛顿来。林肯信中写道想讨论某些问题。他的朋友来到白宫。林肯同他谈了几个小时关于解放奴隶的合理性。林肯分析了所有反对和支持这一提案的论据，然后谈了几封信和报纸摘要。这些材料里，一些人指责他没解放奴隶，而另一些人则说他准备解放奴隶。林肯说完后，握了握老朋友的手，祝他晚安，把他送回伊利诺伊州，根本没问他的意见。林肯总是自己说。看来，这样使他轻松些。他不需要建议，只需要“一个坐在他面前听他讲话的人”。

倾听是一种艺术，懂得倾听的人是真正懂得感悟世间的人。懂得倾听的人也同样懂得如何尊重别人，体谅别人，帮助别人。因此，戴尔·卡耐基说：“专心听别人讲话的态度，是我们所能给予别人的最大赞美。成功的交谈，并没有什么神秘。专心地注意那个对你说话的人，是非常重要的。”

3.

## 适时保持沉默是一种智慧

沉默是一种特殊的语言，具有其独特的使用价值。在社交活动中，恰到好处的沉默比口若悬河更有效，这就是人们常说的“雄辩是银，沉默是金”。

在洛克菲勒的逸事中，曾有一位不速之客突然闯入他的办公室，直奔他的写字台，并以拳头猛击台面，大发雷霆：“洛克菲勒，我恨你！我有绝对的理由恨你！”接着那客人肆意谩骂他达10分钟之久。办公室所有的职员都感到无比气愤，以为洛克菲勒一定会拿起墨水瓶向他掷去，或是吩咐保安员将他赶出去。然而，出乎意料的是，洛克菲勒并没有这么做。他停下手中的活，用和善的神气注视着这位攻击者，那个人愈暴躁，他就显得愈和善！

那无理之徒被弄得莫明其妙，他渐渐平息下来。因为一个人发怒时，遭不到反击，他是坚持不了多久的。于是，他咽了一口气。他是做好了来此与洛克菲勒决斗的，并想好了洛克菲勒将要怎样回击他，他再用想好的话语去反驳。但是，洛克菲勒就是不开口，所以他不知如何是好了。末了，这客人气也撒了，心也平静下来了，于是默默地退了出去。洛克菲勒呢，就像根本没有发生任何事一样，重新拿起笔，继续他的工作。

“沉默”的力量是何其的大，当你避免正面冲突的时候，所有的语言力量都消失了！自古以来，人们就一直主张“少说为妙”“沉默是金”。当然，这并不是要我们不要说话，而是让人们明白不可任意发表意见，不可口不择言。现实生活中，很多人都喜欢自己口若悬河的感觉，认为这样很有成就感。殊不知，说话多并不能表现出一个人的口才好，相反，不仅会将一个人的愚昧与无知显露无遗，还会给别人带来言而不实的感觉，甚至留下喜欢卖弄的印象。因此，越来越多的人都开始提倡：话不可多。

日本一家电机制造厂召开管理员会议，会议的主题是“关于人才培育的问题”。会议一开始，川崎主管就用他那特有的声音提出自己的意见：“我们公司根本没有发挥人才培训的作用，整个培训体系形同虚设，虽然现在有新进职员的职前训练，但之后的在职进修却未见成效。职员们只能靠自己的摸索来熟悉自己的工作，很难与当今经济发展的速度衔接在一起，因而造成公司职员素质水平普遍低落，效益不高。所以我建议应该成立一个让职员进修的训练机构，不知大家看法如何？”

社长说道：“你所说的问题的确存在，但说到要成立一个专门负责培训职员的机构，我们不是已经有职员训练了吗？据我了解，它也发挥了一定的功用，我认为这一点可以不用担心……”

“诚如社长所说，我们公司已经有组织，但它是否发挥实际作用了呢？实际上，职员根本无法从中得到任何指导，只能跟着一些老职员学习那些已经过时的东西，这怎么能够将职员的业务水平迅速提升呢？而且我观察到许多职员往往越做越没有信心，越做越没干劲。所以，我认为它的功能不彰，所以还是坚持……”川崎坚持道。

社长说：“川崎，你一定要和我唱反调吗？好，我们暂时不谈这个话题，会议结束后，我们再做一番调查。”

就这样，一个月后公司主管们重新召开关于人才培训的会议。这次社长首先发言道：“首先我要向川崎道歉，上次我错怪他了。他的提案中所陈述的问题确实存在。这个月我对公司进行了抽样调查，结果发现原有机构竟然未能发挥应有的功效。因此，今天召集大家开会是想讨论一下应该如何改变目前人才培育的方法，请大家尽量发表意见吧！”

社长的话一出口，大家就开始七嘴八舌地提出建议，但令人奇怪的是，这一次川崎主管却始终一语不发地坐在原位，安静地聆听着大家的意见，直到最后他都没说一句话。会议结束以后，社长把川崎叫进办公室谈话："今天你怎么啦？为什么一句话也不说？这个建议不是你上次开会时提出来的吗？"

"没错，是我先提出来的。不过上次开会我把该说的都说了，其实那无非是想引起社长你对这问题的重视罢了。现在目的已经达到，我又何必再说一次呢？还不如多听听大家的建议。"川崎回答说。

对此，社长说："是吗？不错，在此之前我反对过你的提议，你却连一句辩解也没有。今天大家提出的各种建议都显得很空洞，没有实际的意义，反倒是你的沉默让我感到这个问题带来的压力。这样吧，这件事就交给你去办好了！今天起由你全权负责公司的人才培训工作。请好好努力吧！"

"是，谢谢您对我的信任，我一定会努力把这件事做好！"川崎回答说。

沉默有时能起到更好的说服效果。说服别人需要有良好的口才，但有时理由再充分、证据再确凿，往往仍然无法办到，这时适当沉默一下，奇迹就有可能会出现。沉默的力量往往出现在喧闹之中，善于沉默的人能够得到别人的喜欢。当然，沉默并不表示你不去争取任何行动，恰恰相反，用适当的方法去补救你"闭口"所带来的负面影响是必需的，那种"死猪不怕开水烫"的沉默方式并不是我们要提倡的。只有策略运用得当，"回敬"方式恰当巧妙，这样才能达到真正的作用和效果，这样的沉默才是最好的说话技巧。

老王和小张是一家单位的两个主管。老王为人稳重，小张年轻气盛，好胜心强，常常为单位一些鸡毛蒜皮的小事同老王较劲。两位领导若在办公室里当着下属的面争论不休，甚至大吵大嚷，既伤了彼此间的同事情分，又在下属面前丢面子，显然不妥当。老王对此采取了一种偃旗息鼓、洗耳恭听的策略，不与小张对垒。

当两人之间发生分歧时，老王先说明情况表明态度，转而保持沉默。任凭小张言辞多激烈，也不与她强辩，不反击。小张肝火再旺，见此情景，也不好意思再强辩下去，渐渐冷静下来，进而心平气和地发表意见，甚至还做些自我批评。因此，两人虽性格截然相反，但工作配合得很默契，关系也算融洽。老王的沉默是理智的，其动机在于顾全大局，吃亏让人，避免无谓的争论。

沉默是金，有时沉默不语能够出奇制胜，假如滔滔不绝，反而有理说不清。在人际交往中，每个人的生活阅历、学识水平、社会地位各异，观察问题的角度和思维方式不同，见解必然迥异。然而，在一些无关紧要的问题上的细小分歧，三缄其口，洗耳恭听，颔首微笑也是一种有效的处理方法。否则，各执己见僵持不下，互不相让，只能令双方都不愉快。此时，保持适度的沉默，撤出争论，表现出自己的宽广胸怀，则有利于促使对方冷静下来，缓和矛盾，避免事态激化。尤其对付一个特别矫情的对手来说更应如此。兵法上把这称为“以静制动”，它的威力有时要远远胜过言语。

## 4. 言多必失，学会多听少说

一个人要想在纷繁复杂的社会环境中生存、交往，说话是必需的，同时也要注意“言多必失，祸从口出”的道理。

曾经有个小国的人到中国来，进贡了三个一模一样的金人，金碧辉煌，把皇帝高兴坏了。可是这小国的人不厚道，同时出一道题目：这三个金人哪个最有价值？皇帝想了许多的办法，请来珠宝匠检查，称重量，看做工，都是一模一样的。

怎么办？使者还等着回去汇报呢。泱泱大国，不会连这个小事都不懂吧？胸有成竹地拿着三根稻草，插入第一个金人的耳朵里，这稻草从另一边耳朵出来了。第二个金人的稻草从嘴巴里直接掉出来，而第三个金人，稻草进去后掉进了肚子，什么响动也没有。老臣说：第三个金人最有价值！使者默默无语，答案正确。

最有价值的人，不一定是最能说的人。老天给我们两只耳朵一个嘴巴，本来就是让我们多听少说的。善于倾听比善于说话有价值。在职场中，话说多了，自然会泄露心中的想法，惹出麻烦。

马西尔斯是古罗马时代一名战功赫赫的英雄，他以战神科里奥拉努斯的美名而著称于世。公元前454年，科里奥拉努斯打算角逐最高层的执政官以拓展自己的名望，进入政界。

竞逐这个职位的候选人必须在选举初期发表演说，科里奥拉努斯便以自己十多年来为罗马战争留下来的无数伤疤作为开场白。那些伤疤证明了他的勇敢和爱国情操，人们深为感动，几乎每个人都认为他会当选。

投票日来临的前夕，科里奥拉努斯在所有元老和贵族的陪同下，走进了会议厅。当科里奥拉努斯发言时，内容绝大部分是说给那些陪他前来的富人听的。他不但傲慢地宣称自己注定会当选，而且大肆吹嘘自己的战功，甚至还无理地指责对手，还说了一些讨好贵族的无聊笑话。

他的第二次演说迅速传遍了罗马，人们纷纷改变了投票意向。科里奥拉努斯落选之后，心怀不甘地重返战场，他发誓要报复那些投票反对他的平民。

几个星期之后，元老院针对一批运抵罗马的物品是否免费发放给百姓这个议题投票，科里奥拉努斯参加了讨论，他认为发放粮食会给城市带来不利影响，这一议题因而未决。接着他又谴责民主的要领，倡议取消平民代表(护民官)，将统治权交还给贵族。

科里奥拉努斯的最新言论激怒了平民。人们成群结队赶到元老院前，要求科里奥拉努斯出来对质，却遭到了他的拒绝。于是全城爆发了暴动，元老院迫于压力，终于投票赞成发放物品，但是，老百姓仍然强烈要求科里奥拉努斯公开道歉，才允许他重返战场。

于是，科里奥拉努斯出现在群众面前。一开始，他的发言缓慢而柔和，然而没过多久，他变得越来越粗鲁，甚至口出恶言，侮辱百姓！他说得越多，百姓就越愤怒，他们的大声抗议中断了他的发言。护民官商议判处他死刑，命令治安长官立即拘捕他，送到塔匹亚岩顶端丢掷下去。后来，在贵族的干预下，他被判决终生放逐。人们得知这一消息后，纷纷走上街头欢呼庆祝。

如果科里奥拉努斯不那么多言，也就不会冒犯老百姓，如果在落选后他仍能注意保护自我强大的光环，依然还有机会被推举为执政官。可惜他无法控制自己的言论，最终自食其果。所以，我们要记住这样一个原则，在任何地方和场合，我们要尽量少说话，缄默是值得提倡的。如果非说不可，那么，你要注意所说的内容、意义、措辞、声调和姿势，以及在什么场合应该说什么话，怎么说才得体。

掩藏错误最重要的就是学会多听少说，时刻谨防祸从口出。“多听”，就是多听别人说。你多听，别人就会因为你“多听”而多说，他说得越多，你知道得越多。“少说”，自然是少说话，多听话。少说不但可以引出对方更多的话，还可以避免流露自己的内心秘密，更可以避免说错话，得罪别人。想要在职场上安稳地生存，就要学会多听少说。

在美国电影《教父》中，意大利毒枭索罗佐想在纽约经营毒品，他希望找到一个有背景的合作者，以便有个保护伞。索罗佐看中了经营赌博业的唐·科利奥尼家族，因为唐·科利奥尼在政府里有很过硬的关系。索罗佐找上门去，游说教父唐·科利奥尼。教父很清楚索罗佐的名声，知道他心狠手辣。为了让家族成员多见些世面，唐·科利奥尼让家族事务的主要成员参与旁听，长子杉尼也在其中。索罗佐单刀直入，陈述毒品的暴利，希望与唐·科利奥尼家族合作。索罗佐长篇大论，教父只是很礼貌地倾听着，不发表任何意见，甚至连索罗佐这样闯过大江大海的人，也不知道教父是怎样想的。索罗佐终于耐不住了，喊出愿以五五对开的比例让利于科利奥尼家族。这让在场的很多人动心了，因为这的确是一个让人不能回绝的开价。而且索罗佐说出另一黑社会家族塔塔格利亚家族愿为科利奥尼家族的投资担保。教父的儿子杉尼嘴快，脱口而出："此话当真?"教父很严厉地阻止了杉尼，并很礼貌地表示索罗佐可以走了。

杉尼因被其父严厉地阻止，心里憋着火，不知道自己做错了什么。其实，杉尼犯了一个很严重的错误。他的那句"此话当真"，暴露了他的心迹，这使索罗佐下了一个判断：如果真让利给杉尼，他便有可能成为唐·科利奥尼家族中的愿意合作者。而时下是教父说了算，如果将教父干掉，杉尼便会成为科利奥尼家族中的新教父。那么索罗佐的毒品生意，就可以在纽约经营了。这个判断促使索罗佐决定，枪杀教父唐·科利奥尼。他认为虽然这会与科利奥尼家族结仇，但杉尼最终会在商业利益面前让步，他们在共同的商业利润面前会超越亲情而联合起来。索罗佐便开始了策划和行动。他绑架了教父的军师汤姆·哈根，杀了教父最得力，也最歹毒的杀手卢卡，然后在大街上枪杀教父。可是教父命大，挺过了这场劫难。经过了一番极大的努力，唐·科利奥尼家族才又重新赢得了在纽约黑社会中的地位。

言多必失，这一切的变故，皆因杉尼没有城府，多嘴多舌坦露心迹所至。如果杉尼没有暴露他的心迹，索罗佐也就不会作出那样的判断，以至铤而走险了。也许在唐·科利奥尼家族严丝无缝的铁板面前，索罗佐只好自认晦气，耸耸肩走人了。可见，在职场中，多嘴多舌是个坏习惯，不知道你意识到了没有。多嘴多舌，有时会泄露重要的机密。这样不仅让当事人和旁观者生厌，而且还有很多潜在的危害。

古人云："君子慎言，祸从口出。"其实就是说，无论是对人还是对事自己心里明白的同时，说话也应加以注意，有些话能少说就少说，能不说就不说。因为，说者无心，听者却有意，无论在什么环境这都是很常见的。在职场中，多听少说就会犯错少。这样既不泄露自己的机密，又能知道别人心中所想，还能表现出你对说话者的尊重，一举三得，何乐而不为呢？

## 5．多给对方开口的机会

很多时候，我们总是不停地讲话，殊不知，多给别人一次说话的机会，多听听别人讲话，不仅能够让其将内心的想法说出来，还能够让大家互相了解。

多年前，有个叫爱德华的小男孩，他家里非常贫穷，所以他经常提着篮子，去水沟捡从煤车掉下来的煤块。并且，他在学校放学后，替一家面包店擦窗，每星期赚5毛钱。爱德华一生受过的教育没有超过6年，但是，后来他却成为美国新闻界一个最成功的杂志编辑。那么，他是如何干起来的呢？我们不妨一起来看看。

爱德华13岁离开学校，在一个“西联”机构里充任童役，每星期的工资是6元2角5分。当时，他虽处在极贫困的环境中，但是，他无时无刻不在追求接受教育的机会。他不但不放弃求学的意念，而且自己开始着手教育自己。为了省钱，他从不搭乘街车，把午饭的钱也省了下来。等到钱积聚起来后，买了一部《美国名人传记》。

爱德华把《美国名人传记》详细研读过后，就写信给传记上的每一位名人，请求他们多告诉他一点，关于他们童年时候的情形。从爱德华这个表现可以看出，他有一种善于倾听的本质，他希望那些成名人物，谈谈他们自己。

爱德华写信给格雷将军，问他在那部名人传记上，记述有关一次战役的情形。格雷将军在回信中，画了一张详细的地图，还邀请这个14岁的小男孩吃饭，他们谈了一个通宵。他又写信给当时正竞选总统的贾姆士将军，在信上问贾姆士，是否确实做过运河上拉纤的童工。贾姆士接到那封信后，给他一封详细的回函。爱德华还给爱默生写信，希望爱默生说些有关他自己的事……

他不只是跟那些名人通信，且利用他放假的时候，去拜访他们其中的数个，并成为那些人家里受欢迎的客人。爱德华的这种经验，使他形成了一种无价的自信心。这些男女名人，激发了他的理想和意志，改变了他以后的人生。所有的这些，都是由于实行了一个原则——倾听，静静地听，尽量让别人说。

美国著名电视节目主持人莱瑞·金，专门负责采访那些世界顶级的名流、领袖。按道理说，如此优秀的主持人应该是很善于用言语表达的，但他却将倾听看作比说更为重要的一种采访方式。当被问起如何成为超级主持人时，他回答说："我倾听，我从来都没有在说话的过程中学到过知识。"沟通心理学家也曾说过这样一句话："一个善于沟通的人首先应该是一个很好的听众。当他需要开口时，就要先用眼睛来观察别人的一些反应，然后才能够确定沟通的形式和内容。"

在职场中，我们要懂得倾听，多给别人一个说话的机会。倾听是对他人的一种尊重，同时，倾听的过程也是一个学习的过程。如果你要成为一个受人欢迎的人，就需要静听别人的谈话。问别人所喜欢回答的问题，鼓励他谈谈他自己和他的成就。做一个善于倾听的人，鼓励别人多谈谈他们自己吧，这样你会有意想不到的收获！

美国最大的一家汽车公司要购买一批材料，他们把所有样品看过后，给三个公司发了参加最后谈判的邀请。成败在此一举，所以三个公司的代表都在积极准备。

在谈判的前夕，A公司的代表突然得了风寒感冒，嗓子肿得说不出话来。事后他说："轮到我进谈判厅的时候，我的嗓子哑得一点话都说不出来。我几乎是在耳语。进去后我发现以该公司董事长为首的谈判小组成员全在。我停下来想说话，但一句也说不出。所以我就拿起一张纸，写道：先生们，我的嗓子哑了，不能讲话。然后，我请他们就我的样品发表意见。在后面整个讨论过程中，我所有的语言仅限于微笑、点头和做一些手势，更多的则是倾听。结果没想到，这次我成功地签下了材料合同，真是出乎意料。"

"我开始一直认为，我的嗓子哑了，这份合同就签不成。结果却发现，给他人创造说话的机会不无好处。"

如果这位代表不是因为嗓子哑了，而是通过喋喋不休的介绍来宣传自己的产品的话，相信他最后未必能够赢得合同。所以，如果想要人们依照你的观点办事，请遵照这条准则去做——给别人多说话的机会，自己尽量少说。

## 6．兼听则明，避免误听误信

在职场中，一个只想表达、不善于倾听的人，是不会长久吸引听众的。要做好工作必须善于倾听各方面的意见。一代名臣魏征说，兼听则明，偏信则暗。毛主席也说，多方面听取意见才能辨明是非得失，只听一方面的意见，就信以为真，往往要作出错误的判断。

曾经，有一位节目总导演在与投入巨大资金的节目制片人交谈时，为了充分展示自己那独特的才华，导演便指天画地地谈了长达4个小时。

每当那位制片人想问他话时，他总会很不耐烦地说："先听我说完。"制片人满怀希望来了，却在4个小时后带着失望而归。每谈起这件事，他就会说："这个导演，我真的是无法和他沟通，他完全融化在了他的思想中，毫不考虑别人会有怎样的想法，并且他的谈话和展示在我面前的那些，与我的节目一点都不相关。"

可以看出，若这位导演不能静下心来听取别人所反馈的意见和建议，调整自己的话题，很快就会失去制片人的支持。综观那些成功人士，就会发现他们都有着非常出色的"倾听"能力，而且越有成就的人，倾听力也越强。或许正是因为他们对成功的渴望，更愿意认真倾听，从倾听中吸取更多的知识。所以说，在与他人交谈过程中，要多倾听他人的意见，不给他人说话的机会，必定不会受到他人的欢迎。

在一次学术界的聚会上，一位知名的权威人士滔滔不绝地讲着，占据了餐会的所有时间。在座的人出于对他的尊敬，便一声不发，只是默默地听着。但很多人的面部表情和眼神明显是在向他说明"他们已经是人在曹营心在汉"。聚会结束后，在座那么多人中竟然没有互相结识的，他们匆匆忙忙交换名片后，便离开了。由此可见，这是一次失败的聚会。

交际中，我们应避免一言堂，多倾听别人，将每一次沟通都当成是一次学习、充实自己的机会。心理学家曾经做过一次心理实验，结果发现，领导给自己的下属所打的倾听分数普遍都很高，毫无疑问，这是因为下属都畏惧领导的权威，因而在谈话过程中都尽力给予上司全部的注意力。往往有权威的人都习惯别人能给自己注意力，而在某些场合，他们作为一个普通人参与交流，则会赢得更多尊敬。

历史上有很多偏听偏信误人误国的例子。三国时，蜀国进攻魏国。魏国每次战事吃紧，都派人到蜀国去收买贪官和散布谣言，致使后主刘禅偏听偏信，作出有利于魏国的决策，使魏国几度化险为夷。隋朝尚书左仆射高颍是个经国大才，他辅助文帝治国安邦，稳定政局，发展经济，北服突厥，南平陈朝，可谓功勋卓著。但他却得罪了皇后独孤氏。独孤氏经常在文帝面前说高颍的坏话。隋文帝偏听偏信了皇后独孤氏的谗言，把高颍贬为庶民，再后来被隋炀帝所杀。隋朝失去了高颍这样一个难得的人才，唐太宗的评价是“刑政由是衰坏”。最后，隋朝被唐朝所灭。

当然，历史上也有仁人明君，他们在谗言佞语面前保持清醒头脑，不轻易听信。唐太宗就是其中的一个。贞观三年，魏征自玄武门事变后归附了唐太宗，已被提拔为秘书监。长安县人霍行斌诬告魏征参与谋反。太宗相信魏征没有谋反，按诬告罪处理了霍行斌。贞观九年，尚书右仆射、西海道行军大总管李靖率兵征讨吐谷浑，岷州都督高甑生因不能按期到达会合点，受到李靖的责备，怀恨在心，战争结束后，与广州都督府长史唐奉义联名诬告李靖谋反。唐太宗根本不相信李靖会谋反，但原告高、唐二人毕竟身为高官，又是开国功臣，便按司法程序，派法官进行调查。结果，查无实据。“甑生等竟以诬罔得罪”，给予“减死徙边”的处罚。

偏听偏信，固执己见是做领导的大忌。只有听取各方意见，才不会误听误信。因此，在职场中，“兼听”就是既听正面的意见，又听反面的意见；既听赞扬的意见，又听批评的意见。一个人不仅要虚心接受建议，而且更要侧重于听取不同的意见，才能做好工作。

从管理角度来说，多听听反面意见可以团结持有不同意见的下属，为他们的意见找到一定的渠道宣泄，这有利于化解组织内部的矛盾。对于能干的下属来说，领导乐于听取他们的意见，有自己的纳谏之门，他们就会更积极、更大胆地献计献策，会更勇敢地纠正领导的过错，更自觉地提出改进工作的建议。反之，如果领导一听到反面意见就大皱眉头，不接受下属的建议或批评，不参照他们的正确意见、方法、策略，甚至对献策的人假以辞色，乃至打击报复，下属的积极性就会受到限制。一些单位，人与人之间、上下级之间、干群之间不和谐，甚至关系紧张，往往很多是偏听偏信造成的。因此，当我们遇到这种人和事时，千万不要偏听偏信。

## 7. 装聋作哑好处多

只要有人的地方，就会有斗争。这不是新鲜事，在竞争的社会里弱肉强食本就是常事，因此你要有面对不怀善意的力量的心理准备，你可以不去攻击对方，但保护自己的防护网一定要有，那就是：与其咄咄逼人，不如装聋作哑！

聋哑之人是不会和人起争斗的，因为他听不到，说不出，别人也不会找这种人斗，因为斗了也是白斗。不过大部分人不聋又不哑，一听到不顺耳的话就要反击，其实一反击就中了对方的计，不反击，他自然就觉得无趣了。如果还一再挑衅，只会凸显他的好斗与无理取闹。因此，面对你的沉默，这种人多半会在几句话之后就仓皇地且骂且退，离开现场；如果你还装出一副听不懂的样子，并且发出“啊”的声音，那么更能让对方败走！

某机关有一个女孩子，平日只是默默工作，并不多话，而且和人聊天也总是微微笑着。有一年，机关里来了一个好斗的女孩子，很多同事在她主动发起攻击之下，不是辞职就是请调。最后，矛头终于指向了那位沉默的女孩子。

一天，这位好斗的女孩子抓到了那位一贯沉默的女孩子的把柄，立刻点燃火药，劈里啪啦一阵猛轰。谁知那位女孩子只是默默笑着，一句话也没说，只偶尔问一句："啊?"最后，好斗的那个主动鸣金收兵，但早已气得满脸通红，一句话也说不出来。过了半年，这位好斗的女孩子由于树敌太多，最终也自请他调。

看到这里，你一定会说，那个沉默的女孩子涵养实在太好了。其实真相并不是这样，而是那位女孩子天生就听力不大好，虽然理解别人的话不至有困难，但总是要慢半拍，而当她仔细聆听你的话语并思索你话语的意思时，脸上又会出现无辜、茫然的表情。你对她发作那么久，那么卖力，她回你的却是这种表情和"啊"的不解声，难怪要斗不下去，只好鸣金收兵了。这个故事说明了沉默力量的伟大。因为面对沉默，所有的语言力量都消失了！所以，在有些时候，装聋作哑也是化解尴尬的妙招。

一位师范大学的学生，在毕业前夕好不容易找到一家相当不错的中学实习，谁知实习上的第一堂课，就差点出错，幸亏这位实习生脸皮比较厚，在突然出现的变故面前装聋作哑，从而摆脱尴尬境地。这天，实习生刚在黑板上写了几个字，学生中突然有人叫起来："老师的字比我们李老师的字好看多了。"真是一语惊四座。稚嫩的学生哪能想到，此时后座的班主任李老师是怎样的尴尬！对这位实习生来说，初上岗位，第一堂课就碰到这般让人难堪的场面，的确令人头疼，以后怎样同这位班主任共渡实习关呢？转过身来谦虚几句，行吗？绝对不行！这位实习生灵机一动，脸上看起来若无其事，装作没有听到，继续写了几个字，然后头也不回地说："不安安静静地看课文，是谁在下边大声喧哗。"此语一出，使后座的李老师紧张尴尬的神情，顿时轻松多了，尴尬局面也随之轻松消除。

这位实习生的做法就是装聋作哑，因为他装作没听清学生的议论，避实就虚，即避开"称赞"这一实体，装作没有听清楚，而攻击"喧闹"这一虚象。既巧妙地告诉那位班主任"我"根本没有听到；又打击了那位学生的称赞兴致，避免了他误认为老师没有听见的可能，再称赞几句从而再次造成尴尬局面。当然，谁不愿意听好听的话？这位实习生对于自己下苦功练成的字，能够得到同学们的赞扬，他的心里肯定像是吃了蜜一般甜，只不过脸上没有显露出来罢了。当然，装聋作哑也是要讲技巧的，如果没有掌握得恰到好处，反而会弄巧成拙。

# 第八章

# 听话听音，用心体会对方的言外之意

听话千万不可停留在表层。人们说话的方式不一样，听懂进而理解话语的难易程度不一样，有的直截了当，有的委婉含蓄，有的浅显明白，有的高深莫测。正是由于这个原因，听话不可掉以轻心。对那些欲言又止、闪烁其词的谈话要格外留意，逐字逐句地分析他们话语后面的真实含义。

# 1. 会说的不如会听的

在职场中，人们倾注于会说、会写的精力是很多的，而很少注意会听的研究。然而交际的成功，与其会说，不如会听。一个善于倾听的人，往往比那种口若悬河，喋喋不休的人更受人欢迎。

近年来，各种访谈类节目充斥着我们的银屏。很多嘉宾在节目中面对主持人和观众滔滔不绝地讲述自己各种生活、工作中的经历、见闻和感悟，甚至自己的私密生活。主持人的工作就是倾听嘉宾的故事然后予以回应和好奇的提问。

一位访谈节目的主持人曾在台下问过一位嘉宾："你这样一直讲自己的隐私故事，而且一连讲几个小时，你不会有什么顾忌吗？"

这位嘉宾笑着回答道："其实我来上你的节目讲自己的故事，除了观众喜欢看之外，对我自己而言是一种释放。当我讲了几个小时自己的经历和心得之后，我感觉到的是一种无比的轻松和成就感。"

可见，"倾诉"是我们每个人都会有的心理需要，所以"倾听"也就成为我们生活中不可缺少的一种美德。当一个人在说话时看到对方很真诚地在倾听，他会顿时产生一种自己被尊重、被重视的感觉。

迪特毛料公司在清理债务时，曾通知一位顾客，说他欠了15万美元的货款，请予归还。这位顾客寻找了一番未找到有关账单，便怒气冲冲地专程跑到该公司经理办公室，声明他绝对不欠该公司的钱，还声明今后绝对不再买该公司的东西了。接待他的公司经理迪特先生耐心地从头到尾听他讲了一遍，还对他专程来芝加哥为公司提意见表示深切的感谢，并承认错误可能出在公司方面。接着，他又热心地向该顾客推荐了许多其他毛料公司的产品，悉心为他充当参谋。最后还请他一同进餐。经理的这一系列行动打消了顾客的怒气，他当即丢开了有关15万美元的账单纠纷，又向该公司签了一大笔订单。该顾客回去后又仔细地检查了自己的账单，终于发现有一账单放错了位置。他立刻补了一张15万美元的支票，还写了一段道歉的话。

综观这一人际交往过程，迪特先生的主要行动就是倾听，即使顾客发誓不买他们货物时，他仍尊重、附和顾客的意愿，以真挚和诚恳改变了顾客的态度和行为，足见倾听比说服更有威力。

"倾听"，是一个内涵丰富的词汇，绝对不是一个简单的听与不听的问题。倾听的一层含义是聆听。即认真听取他人的讲演、指示或报告等，这是一个极其积极的聆听方法。通过聆听，带动全身各种器官运动的综合反应。在重要的人际交往中，聆听者在全神贯注地听的同时，会全力地调动自己的已有知识、经验储备及感情，使大脑处于高度紧张的状态。当他接受到聆听的信号以后，会立即运用自己已有的知识、经验，进行识别、归类、解码，并作出自己的态度反应：有时表示理解，有时表示疑惑；有时表示支持，有时表示反对；有时表示喜悦，有时表示忧虑等。交往的气氛也有时表现出欢呼雀跃，有时又表现出冷若冰霜。这种积极地倾听，既有对语言信息的反馈，又有对非语信息的反馈(如表情、姿态等)。当一个人听了一番思想活跃、观点新颖、信息量大的谈话后，听者的感觉常常比说者要疲劳得多，这是因为听者在听的过程中要不断地调整自己的分析系统，修正自己的理解，以便达到与说话人同步思维。这种倾听常常使个人直接受益较大。

倾听的另一层含义是认真听取意见，特别是有分歧的意见和反对的意见。它要求倾听者切忌高傲自大、目中无人，以自我为中心，而应当以谦虚、诚恳、耐心的态度，把别人的话听完，且不得以任何形式和表情轻视别人的意见。不善于倾听他人意见的人，必然是刚愎自用、狭隘自私、冷漠僵化的人。这样的人在人际交往中就不可能得到他人的信任和理解。

因此，在职场中，倾听往往比说更重要。倾听的力量非常伟大，我们要学会以下的倾听技巧：

(1)专心致志

听人说话时，必须全神贯注、专心致志，只有这样，我们才能够紧跟对方的思想，发现对方的真实想法，从而在交流时做到有的放矢，引起共鸣。同样，别人说话时我们心不在焉、东张西望，不仅是对他人的不尊重，而且很容易使我们漏掉某些内容，从而造成双方沟通障碍，甚至引起他人反感，从而影响双方的交往。

(2)保持耐心

通常情况下，即使我们对他人的话题不感兴趣，我们也应该出于礼貌洗耳恭听，尤其是对方谈兴正浓时，我们更要耐心地听下去。当然了，如果对方的话题太过无聊，甚至令人难以忍受，我们也可以对其作出暗示。对方如果识趣，也一定会中止话题或改变话题。需要注意的是，在任何情况下，我们都不能流露出厌烦的神色，以免影响双方交往。即使你不想与对方交往，但这样做起码对我们没有害处。

(3)坚持互动

听别人说话并不是一味地坐着不动，一个高明的听众，应该跟着说话人的思绪，并适时地用简短的语言(如“对”“是”等)或者点头、微笑等动作与对方进行互动，表示双方所见略同。当然了，轮到我们发言时，我们也没有必要说个不停，而是应当适可而止，做回一个听众。

2.

## 有效的沟通从“听”开始

一个成功的人，必须要学会倾听。无论是对朋友、上司还是下属的话，都要竭力去听懂。倾听，是迈向成功的第一步。在职场中，倾听是最有效的沟通手段，是与人交往时沟通的开端。

王杰是一家饮料公司的市场部副经理，他的上司是个台湾人。入职之日起，王杰对待工作就十分用心，希望能得到上司的青睐。王杰的上司比较平易近人，平时喜欢和员工们混迹在一起，所以他对王杰的努力工作和创造的业绩也是看在眼里，并多次在公司中公开表明对王杰的赞赏。

在一次公司举办的全国性渠道商会议上，许多渠道商向王杰的上司提议，希望公司能够加大广告的投入，这样才能让自己的销售工作进行得更加顺利。

上司听完这些建议后短暂地沉默了几秒，对渠道商说：“你们的意见我也很赞同。加大宣传力度是好事情，不过我们之前还没有这样的计划，所以要内部讨论一下才能最终决定。”说完，上司就向王杰征求意见。王杰听上司很支持这个方案，于是就顺着老板的话介绍了一番加大宣传的好处。

王杰讲完以后，经销商都纷纷附和，表示今年市场不好做，如果公司不加大广告投放，他们的销售工作就没法完成了。在经销商的压力之下，上司不得不当场许诺第一季度追加广告投放费用100万元。经销商会议后，上司把王杰叫到办公室，狠狠地批评了王杰，他说王杰没能明白他的意思，帮了倒忙。这时王杰才反应过来：刚才在会议上，上司并不好直接回绝渠道商的要求，那番话就是在暗示他提出不同的意见，而王杰却没能领会。

从那以后，王杰就不再被上司看重了，他在公司里再没有得到过晋升的机会。

王杰的错误就在于他没能听懂上司话里的真正含义。每个人都喜欢自己说，而不喜欢听人家说，这样做的直接后果就是，常常是在没有完全了解对方情况下，作出盲目的判断，这样不仅会导致你的工作走入误区，有时还会造成人际沟通的障碍、困难，甚至是冲突和矛盾。

亚当森是美国优美座位公司经理，在一次参加宴会的时候，他得知柯达公司总裁伊斯曼先生捐巨款要在曼彻斯特建造音乐厅、纪念馆和剧院。许多制造商都已前来洽谈过，而没有结果。亚当森希望能争取到这笔生意，更希望借此扩大公司的名声，树立公司在市场竞争中的形象。因此，他也来到柯达公司总部，要面见柯达公司总裁伊斯曼先生。

他向柯达公司总裁秘书说明自己的意图后，秘书通报了，并告诫他："我知道你急于得到这批订货，但我现在可以告诉你：如果你占用伊斯曼先生5分钟以上时间，您就完了。他是个大忙人，所以你进去后要迅速给他讲，讲完后马上出来。"

于是，秘书领着亚当森进入了伊斯曼的办公室，伊斯曼先生正在忙着整理资料，亚当森环视办公室，等到伊斯曼先生忙完了，然后接着对他说："伊斯曼先生，当我在这里等候您的时候，我仔细地观察了您的这间办公室。我本人长期从事室内的木工装修，但从未见过装修得这么精致的办公室。"

"哎呀！您提醒了我差不多已经忘记了的事情。"在这个时候，伊斯曼总裁好像对此特别感兴趣，高兴地说，"这间办公室是我亲自设计的，当初刚建好的时候，喜欢极了。但是后来一忙，一连几个星期我都没有机会仔细欣赏一下这个房间了。"

说到这里，伊斯曼总裁非常地高兴，于是，他又接着说，"墙上装修用的木板是从英国进口的橡木，是我的一位专门研究室内细木的朋友专程去英国为我订的货。"

伊斯曼总裁情绪极好，竟然站起身来，撇下那堆待批的文件，带着亚当森仔细参观起办公室来了。他把办公室内的所有装饰一件一件向亚当森介绍，从木制谈到比例，又从比例谈到颜色，从工艺谈到价格，然后详细地介绍了他设计的过程。亚当森微笑着聆听，饶有兴致，并且不时给予继续的示意和鼓励。亚当森还不失时机地询问伊斯曼的奋斗经历。伊斯曼便向他讲述了自己的苦难少年和坎坷经历，如何在贫困的生活中挣扎，自己发明了柯达相机的经过等。

在此过程中，亚当森不但听得聚精会神，而且发自内心地表示敬意。这个时候，伊斯曼总裁对亚当森说："上次我在日本买了几件椅子，放在我家的走廊里，但由于日晒，都脱漆了。我昨天到街上买了油漆，打算由我自己把它重新漆好。您有兴趣看看我的油漆表演吗？到我家去和我一起吃午饭，再看一下我的手艺。"

其结果当然是可想而知了，亚当森不仅得到了这笔工程的订单，而且和伊斯曼先生结下终身的友谊。他成功的诀窍很简单，通过认真倾听激发对方谈话的兴趣，从而建立真正的朋友关系，生意自然好做了。

英国著名首相丘吉尔说过："站起来发言需要勇气，而坐下来倾听，需要的也是勇气。"一旦你学会了倾听别人说话，就会觉得听别人说话很容易，也很有意思。当你听得多了，你就会更加了解对方，就能给别人提供帮助，同时也能给自己带来好处。为了让自己更会"听话"，最好还能进行下面五个"听力"训练。

**（1）训练"听话"时的注意力**

想听得准确，必须排除干扰。可以用这样的方法来训练：同时打开两台以上的收音机，播放不同内容，然后复述各个收音机播放的内容。

**（2）训练"听话"时的理解力**

可用这样的方法：找朋友闲聊，但要有意识地锻炼自己的理解力。

**（3）训练"听话"时的记忆力**

就是学会边听边归纳内容要点，记住关键性词语，以及重要的事实和数据。

（4）训练“听话”时的辨析力

即迅速分辨出争论各方的不同观点和逻辑关系，并加以评析。

（5）训练“听话”时的灵敏力

即能很好地在各种场合与各种对象交谈。

## 3. 认真倾听，做一名忠实的听众

倾听是成功的人际沟通的一半，倾听是善意的表示，是真诚的象征，更是建立同感、沟通心灵的基础。善于倾听的人，永远是深得人心、善于沟通的人。每个人的成长与发展，都要依赖于这种有效地接受和处理各种信息的能力。所以，我们要认真倾听，做一名忠实的听众。这是有效交流的一种方法。

有这样一位经理，他受雇于一家大公司，在那里担任销售经理职务。可是，他对销售业务一窍不通。每当销售人员上他那儿，请他出主意解决问题时，他竟无言以对。不过，此人懂得怎样倾听别人的意见。无论销售人员向他请教什么问题，他总是回答说：“你认为应当怎么办？”于是，销售人员提出自己的解决办法，他即表示同意，销售人员满意地离去。

在职场中，我们只需要竖起两耳听，就能解决很多问题，有时这样做比说效果更佳。从心理学的角度来看，善于倾听会使对方心情愉快，会换来对方的理解和信任。所以，认真聆听对方的谈话，是对讲话者的一种尊重，在一定程度上可以满足对方的需要，同时可以使人们的交往、交谈更有效，彼此之间的关系更融洽。能够耐心地倾听对方的谈话，等于告诉对方"你是一个值得我倾听你讲话的人"，这样在无形中就能提高对方的自尊心，加深彼此的感情。反之，对方还没有把将要说的话说完，你就听不下去了，这最容易使对方自尊心受挫。

一位老教授讲过她的一段亲身经历。有一天，她的一位学生来找她讨论自己的婚姻问题。那位学生是夜大生，她问这位老教授："我是不是应该同我丈夫离婚？"

老教授因为既不了解她丈夫的情况，也不了解她本人的情况，所以无法帮她出主意。只能边听她说边点头，然后老教授就问："你认为你应当怎么办？"

老教授这样问了好几遍，每问一遍，那位夜大生就讲应该如何做。

第二天，老教授在报箱里看到了一封信，那是一封热情洋溢的信。不消说，信是那位夜大生写的，她感谢老教授为她出的美妙主意。在她毕业后，她依然写信给这位老教授，说她的婚姻十分美满，并再次称赞老教授为她出的妙主意！

这位老教授究竟为学生出了什么妙主意使得学生对她念念不忘呢？其实，老教授什么主意也没出，主意是学生自己出的。老教授只是认真听了学生的观点和看法。每个人都有表达自己的愿望，渴望被他人理解，都希望他人扮演听众的角色。人际交往是个互动的过程，有听也有说。但是大多数时候，人们都抢着扮演说的角色。许多人没有耐心和时间听别人诉说。甚至别人一开口说话，还未等到对方把话说到正题上，就给予否定了，一口咬定没有兴趣，然后抓紧时间阐述自己的观点。这显然是错误的做法。

在社交场合受大家欢迎的人，人人都爱与之交谈的人，并不仅在于他能说会道，而重要的是他会听。因为交谈中只有既讲又听才可以满足双方的需要，也只有如此，才能使交谈顺利进行。如果只顾自己讲，不想听对方说，则一定会被人拒之门外。

陈鲁豫在《鲁豫有约》这档谈话类节目中以独有的主持风格得到了观众的认可，在采访中她仿佛一个恬静的朋友一般静静聆听着每一个嘉宾的故事，然后在动情处落泪，在激动时高呼，眼神专注、提问舒缓，仿佛一曲节奏跌宕的乐曲。现在我们来看一段采访记录，这是《鲁豫有约》的主持人陈鲁豫与一位患有抑郁症的嘉宾的对话。郭岭梅是著名诗人郭小川的女儿，2004年她被诊断患有抑郁症，同时患病的还有她的女儿涓涓。

画外音：在美国出差的郭岭梅通过朋友听到了一个关于涓涓的意外的消息。

鲁豫："当时你在国外，听到了涓涓的消息，是什么消息？"

郭岭梅："当时我妹妹通过一个好朋友告诉我，说我女儿用刀片划手。"

鲁豫："划手？"

郭岭梅："嗯，对，手。开始我还以为是割腕，后来我问是什么状态，她说是用刀片划手心。我问深不深，她说不太深吧，后来我就放心了。回国之后没多久我又去了日本，从日本回来又忙着做节目，直到那一年的年底我才觉得她闹得越来越厉害了。"

鲁豫："怎么叫'闹得越来越厉害了'？"

郭岭梅："我听说她从她朋友家的十五楼也想跳下来。我就觉得这是明显的自杀的倾向了。"

鲁豫："这时你就决定要带她去医院看看了？"

郭岭梅："这时候我就觉得束手无策，一点儿办法都没有。我就带她去找大夫了。"

鲁豫："那大夫说什么了？"

郭岭梅："当时让她做的测试，当时的测试中每一项她都在正常最高值之上。"

鲁豫："她是这样？那后来大夫是怎么注意到你的呢？还是你也做了一些测试？"

郭岭梅开始讲述发现自己患有抑郁症的一系列经历……

倾听是我们对别人最好的一种尊敬。会做一个有耐心的听众，并且把你对说者的尊重和诚意表现在脸上，你将会有意想不到的收获。当你拒绝了一次倾听对方述说的机会，其实你也失去了一次与他或她沟通的机会，你也已经失去了一次与对方增进感情的机会。因此，如果要让他人喜欢，并重视你，首先你要做一个好的听众。不论你在社会扮演什么角色，都要学会倾听。

经朋友介绍，重型汽车推销员乔治去拜访一位曾经买过他们公司汽车的商人。见面时，乔治照例先递上自己的名片："您好，我是重型汽车公司的推销员，我叫……"

才说了不到几个字，该顾客就以十分严厉的口气打断了乔治的话，并开始抱怨当初买车时的种种不快，例如服务态度不好，报价不实，内装及配备不对，交接车的时间等待得过久……

顾客在喋喋不休地数落着乔治的公司及当初提供汽车的推销员，乔治只好静静地站在一旁，认真地听着，一句话也不敢说。

终于，那位顾客把以前所有的怨气都一股脑地吐光了。当他稍微喘息了一下时，方才发现，眼前的这个推销员好像很陌生。于是，他有点不好意思地对乔治说："小伙子，你贵姓呀，现在有没有一些好一点儿的车种，拿一份目录来给我看看，给我介绍介绍吧。"

当乔治离开时，已经兴奋得几乎想跳起来，因为他的手上拿着两台重型汽车的订单。

从乔治拿出产品目录到那位顾客决定购买，整个过程中，乔治说的话加起来都不超过10句。重型汽车交易拍板的关键，由那位顾客道出来了，他说："我是看到你非常实在、有诚意又很尊重我，所以我才向你买车的。"

倾听是一种礼貌，是一种尊重讲话者的表现，是对讲话者的一种高度的赞美，更是对讲话者最好的恭维。倾听能使对方喜欢你，信赖你。因此，在适当的时候，让我们的嘴巴休息一下吧，多听听对方的话。当我们满足了对方被尊重的感觉时，我们也会因此而获益的。

4.

## 听懂说话者的言外之意

沟通不仅仅是说，而是说和听。一个有效的听者不仅能听懂话语本身的意思，而且能领悟说话者的言外之意。只有集中精力地听，积极投入判断思考，才能领会讲话者的意图，只有领会了讲话者的意图，才能选择合适的语言说服他。从这个意义上讲，“听”的能力比“说”的能力更为重要。

有这样一则笑话，一位年轻的牧师在第一次主持礼拜时发现只有一位农夫坐在空荡荡的教堂里。牧师感到非常失望，农夫见了便鼓励牧师道：“当我喂马时，即使只有一匹马，我还是会把它喂饱。”牧师听了深受鼓舞，于是开始了他冗长的礼拜仪式。当礼拜结束后牧师向农夫征求意见，农夫睡眼惺忪地说道：“如果我只喂一匹马，我一定不会用整车的草料。”

农夫委婉地用言外之意评价了牧师的礼拜仪式。言外之意又称之为潜台词，意即话中有话。言外之意是口语交际的一个重点，也是我们在日常生活领域和在特定场合下经常用到的一种说话方式。

莉莉是一家广告公司的业务员，经常在外奔波，上班时间比较灵活，不一定每天都出现在办公室。但公司对于业务量的考核却是丝毫不马虎，每个月还将排名公布在公告板上。莉莉的顶头上司是部门的业务经理老张，今年45岁，平时讲话不多，常面无表情，对员工要求却是很严格。不久前，莉莉因为一些私事，几天都没有外出拜访客户，也没到办公室。一天在电梯里遇到老张，对方笑呵呵地问了一句："莉莉，好久不见哦。"莉莉一怔，笑笑也没说什么，心想老张是不是遇到什么喜事了，心情这么好。没过几天，公司内部贴出通报批评名单，莉莉发现了她的名字，而这些名单是由部门经理提交给公司的。莉莉在后来跟资深同事聊天的过程中，无意提到此事，对方点醒她，经理一句"好久不见"是在批评她业务量不行呢！

在任何情况下，领悟人们说话的言外之意，是一种智慧和能力。学会领会他人说话的言外之意，你就会在自己的事业中走得更远。这是一条不言自明的真理。俗话说，听话听音，大致是说要理解话里的意思，千万不可停留在表层，停留在表面字义上。之所以要强调听话听音，是因为人们说话的方式不一样，听懂进而理解话语的难易程度不一样，有的直截了当，有的委婉含蓄，有的浅显明白，有的高深莫测。当遇到话里有话、话在话外之时，一不小心，就会产生误读，轻则弄出一些小笑话，出一些无伤大雅的小洋相，重则不仅贻笑大方，南辕北辙，甚至坦然地把泥泞当坦途，欣喜地把荆棘当鲜花。正是由于这个原因，听话不可掉以轻心，必须听话听音，听出本来的意思，听出内在的深处的含义，听出弦外之音，听出说话人希望你听懂和不希望你弄懂的东西来。

马小姐和罗小姐是大学的同学，毕业以后，也许是机缘巧合，两个人进入了同一家公司的同一个部门工作。马小姐工作非常努力，成绩也特别突出，短短半年时间，就连续做成好几单大生意，罗小姐工作也很卖力，但大概是机遇的关系吧，罗小姐的业绩平平，两个人渐渐疏远起来。马小姐不想失去这个朋友，于是来找罗小姐，想好好交流一下，两个人从大学的时光谈起，一直谈到了今天在公司的奋斗，罗小姐一脸赞赏地对马小姐说："你真优秀，是我学习和追赶的榜样！"

这句话一出，马小姐的心里凉到了极点，以她和罗小姐两个人几年的交往经历来看，向来不肯服输的罗小姐是不可能说出这样的话来的，今天她这样说，只有一个原因，那就是罗小姐已经不再把她当成朋友了，而是把她当成了对手和敌人。马小姐知道这份友情已经很难挽回了，于是她干脆不把罗加小姐的反应放在心里，继续埋头工作，年终的时候，马小姐不但涨了薪，还升了职，而罗小姐却因为四处散播马小姐的流言飞语，被老板调离了马小姐的部门。

罗小姐对马小姐说的那句“你真优秀，是我学习和追赶的榜样”按说是句好话，但这句话言不由衷，话里有话。罗小姐那句酸不溜丢的话，一下就把罗小姐因为失落而导致的嫉妒心给暴露了出来。在说话中，话中有话也叫弦外之音，是对方不方便或不愿直接告诉你，而是通过特殊的语调、用词来引起你的注意，让你明白他的真实意思。遇到这种情况，我们要听清弦外之音，听懂言外之意，对那些欲言又止、闪烁其词的谈话要格外留意，逐字逐句地分析他们话语后面的真实含义。

## 5. 细心聆听，了解客户需求

会听实在比会说重要得多，因为若想成为一个会说话的人，就必须先学会聆听。专心听别人讲话的气度是我们所能给予别人的最大赞美和尊重，也是提升服务品质的重要环节之一。如果不仔细倾听顾客的话，你就不能够对他的问题做出正确的反应；如果你对顾客的观点及所用的概念都没有弄清，你怎么能知道你的解决办法是正确可行的呢？

有一位顾客在某商店购买了一套西服，由于掉颜色的问题，要求退货。售货员便和他争执了起来。商店经理听到争吵声，连忙赶过去。

由于经验丰富，非常懂得顾客心理，商店经理三言两语便使已经被售货员气得发疯的顾客恢复了平静。经理究竟采取了什么法宝呢？

原来，经理赶到顾客面前后，先是微笑和诚恳地静静听完顾客的抱怨和发泄。等顾客说完，又让售货员说话。当彻底了解清楚争吵的来龙去脉后，经理真诚地对顾客说："真是万分的抱歉，我不知道这种西服会掉颜色。现在怎么处理，本店完全听从您的意见。"

顾客说："那么，你知道有什么法子可以防止西服掉颜色吗？"

经理问："能否请您试穿一周，然后再作决定？如果到时候您还不满意，那么我们无条件让您退货。好吗？"

结果，顾客穿了一周后，西服果然没有再掉颜色了。

倾听是服务过程中一个最首要的环节。在任何情况下，我们所能做到的最重要的事情就是倾听。怎么去做一位"听话"的高手呢？上面的商场经理，应该给出了一些启示。经理能够让已经暴跳如雷的顾客很快平静下来，关键在于，他能够认真地倾听顾客的不满。

一般人在与别人交谈时，大多数时间都是他在讲话，或者他尽可能想自己说话。一般推销员在推销产品时，70%的时间是他在讲话或介绍产品，顾客只能得到30%的讲话时间。因此这样的推销员业绩平平。而顶尖的推销员，早就总结出了一条规律：如果你想成为优秀的推销员，70%时间让顾客讲话，你倾听；30%时间自己用来发问、赞美和鼓励他说。这就是"两只耳朵一张嘴"法则。几乎所有的推销大师和会说话的人都在建议我们：要倾听、倾听、倾听！倾听可以让你的生活变得更加快乐，倾听可以让你的工作变得更加轻松，倾听可以让你的订单来得更多，倾听可以让你身边的人更喜欢你，倾听可以让你的顾客更信任你。

众所周知，汽车推销员乔·吉拉德被世人称为"世界上最伟大的推销员"。他曾说过："世界上有两种力量非常伟大，其一是倾听，其二是微笑。倾听，你倾听对方越久，对方就越愿意接近你。据我观察，有些推销员喋喋不休，因此，他们的业绩总是平平。上帝为什么给了我们两只耳朵一张嘴呢？我想，就是要让我们多听少说吧！”乔·吉拉德对这一点感触颇深，因为他从自己的顾客那里学到了这个道理，而且是从教训中得来的。

一次，乔·吉拉德花了近一个小时才让他的顾客下定决心买车，然后，他所要做的仅仅是让顾客走进自己的办公室，然后把合约签好。当他们向乔·吉拉德的办公室走去时，那位顾客开始向乔提起了他的儿子。“乔，”顾客十分自豪地说，“我儿子考进了普林斯顿大学，我儿子要当医生了。”

“那真是太棒了。”乔·吉拉德回答。

俩人继续向前走时，乔·吉拉德却看着其他顾客。

“乔，我的孩子很聪明吧，当他还是婴儿的时候，我就发现他非常地聪明了。”

“成绩肯定很不错吧？”乔·吉拉德应付着，眼睛在四处看着。

“是的，在他们班，他是最棒的。”

“那他高中毕业后打算做什么呢？”乔·吉拉德心不在焉。

“乔，我刚才告诉过你的呀，他要到大学去学医，将来做一名医生。”

“噢，那太好了。”乔·吉拉德说。

那位顾客看了看乔·吉拉德，感觉到他太不重视自己所说的话了，于是，他说了一句“我该走了”，便走出了车行。乔·吉拉德顿时呆在了那里。

下班后，乔回到家回想今天一整天的工作，分析自己做成的交易和失去的交易，并开始分析失去客户的原因。次日上午，乔一到办公室，就给昨天那位顾客打了一个电话，诚恳地询问道：“我是乔·吉拉德，我希望您能来一趟，我想我有一辆好车可以推荐给您。”

“哦，世界上最伟大的推销员先生，”顾客说，“我想让你知道的是，我已经从别人那里买到了车啦。”

“是吗？”

“是的，我从那个欣赏我的推销员那里买到的。乔，当我提到我对我儿子是多么的骄傲时，他是多么认真地听。”顾客沉默了一会儿，接着说：“你知道吗？乔，你并没有听我说话，对你来说我儿子当不当得成医生并不重要。你真是个笨蛋！当别人跟你讲他的喜恶时，你应该听着，而且必须聚精会神地听。”

刹那间，乔·吉拉德明白当初为什么会失去这名顾客了。原来，自己犯了如此大的错误。乔连忙对顾客说：“先生，如果这就是您没有从我这里买车的原因，那么确实是我的错。要是换了我，我也不会从那些不认真听我说话的人那儿买东西。真的很对不起，请您原谅我。那么，我能希望您知道我现在是怎么想的吗？”

“你怎么想？”顾客问道。

“我认为您非常伟大。而您送您儿子上大学也是一个非常明智之举。我敢确信您儿子一定会成为世界上最出色的医生之一。我很抱歉，让您觉得我是一个很没用的家伙。但是，您能给我一个赎罪的机会吗？”

“什么机会，乔？”

“当有一天，若您能再来，我一定会向您证明，我是一个很忠实的听众，事实上，我一直就很乐意这样做的。当然，经过昨天的事，您不再来也是无可厚非的。”两年后，乔·吉拉德卖给了他一辆车，而且还通过他的介绍，获得了他的许多同事的购买车子的合约。后来，乔·吉拉德还卖了一辆车给他的儿子，一位年轻的医生。

从此以后，乔·吉拉德再也没有在顾客讲话时分心。而每一位进到店里的顾客，乔都会问问他们，问他们家里人怎么样了，做什么的，有什么兴趣爱好，等等。然后，乔便开始认真地倾听他们讲的每一句话。大家都很喜欢这样，那给了他们一种受重视的感觉，他们认为，乔是最会关心他们的人。

不认真听取顾客在购买时所关心的问题，而是自己随意地罗列出自己关心的情况，结果只有一条：让顾客跑掉！每个人都希望获得别人的尊重，受到别人的重视。当在倾听过程中，出现购买信号的时候，顾客自己的购买欲望可能还是朦胧的，但我们要敏感地捕捉到这个信号，让顾客的购买欲望变得清晰起来。

下面是一些购买信号的例子，你可能遇到过：

“最多能打几折呀？”

“我可以试用一下吗？”

“这台电脑是怎么操作的？”

“我可以带回家试一试吗？”

“我家老公/老婆会喜欢它。”

“要是我买下来的话，现在要付多少钱？”

“如果按月付款，有什么条件吗？”

“这种型号的与那种型号的有什么区别吗？”

“是的，我明白你的意思。”

“这种款式看起来真漂亮。”

……

会说话的人，懂得在别人说话时给予最大的认同，而其中最有效的窍门就是倾听，因此，倾听是所有优秀推销员的成功秘诀。

## 6. 多听才能掌握全面准确的信息

学会倾听，把话听准了听全了，是人际交往中非常重要的一点。只有把话听准了才能做出正确的反馈，如果连对方的意思都听不明白，搞不清楚对方究竟讲的是一件什么事情，针对的是谁，那么听到的话就是毫无意义的。听得准才能说得好，听得全才能会对意。如果听错了，听偏了，那么你在交谈中也就失去了优势地位，会处于非常被动的局面。

如果问大家："美国总统由谁管理？"十有八九的回答是国会。其实不然。依照美国的法律，总统的管理权在美国财政部，因为总统是美国政府的财产，作为财产，他理应由财政部管理。因此，美国总统的保护工作既不是由中央情报局(CIA)负责，也不是由联邦调查局(FBI)或者美国军方负责，而是由隶属美国财政部的"特勤局"负责。当紧急情况发生时，保护总统的命令既不是由国防部发出，也不是由议会发出，而是由财政部长发出。事实上，美国总统、副总统以及前总统的保护工作都是由美国财政部负责的。由于我们对美国的政治体制真实运行机制的信息大都听得不全面，缺乏真正的了解，往往会在这上面判断错误。

现实生活中，有些人以为沟通就是"听我说"。其实，能让谈话的花朵盛开的，并不是会说话的人，而是会聆听的人。聆听才能得到新的信息。众所周知，信息是决策的基础，全面准确地掌握信息是实现科学决策的本质要求。因此，在职场中，绝对不要随意打断顾客的话，而应该让他心平气和地把话讲完，就算他的意见不符合实际情况，也要听下去，除非情况非常特殊。让顾客充分表达异议，你才能从中听出顾客的准确信息。

信息是决策的生命。没有准确的信息，就不会有准确而科学的决策。错误的信息，不仅会阻碍决策的进度，还会把决策者的思路引向相反的方向。在人际交往中，多听少说，才能获得全面准确的信息。因此，我们在与人交谈的时候，必须做到耳到、眼到、心到，同时还要辅以其他的行为和态度，让他把话说完，进而掌握更多的信息。

这日，刚工作不久的兰兰在一个小店里买了一件连衣裙，但不久她发现衣服起褶得厉害，于是，她拿着裙子来小店退换。她想跟售货员说说事情的经过，但没做到，售货员总是打断她说话。"我们卖了几十件这样的裙子了，您是第一个找上门来抱怨衣服起褶的人。"兰兰听了很生气，二人因此吵了起来。正在此时，老板娘来了。她很善于倾听，她向兰兰询问事情经过。兰兰说话的时候，她一句话没讲，很安静地听兰兰把话讲完。之后，她也听了听自家售货员的观点。

听完后，她就开始反驳售货员，并帮兰兰说话。她不仅指出了裙子起褶的问题，还强调说店里不应当出售使顾客不满意的货品，应该立即退回厂家。当然，她也承认她不知道裙子为什么出现问题。“您想怎么处理？我尊重您的意见。”她对兰兰说。兰兰仍旧要求退货，她爽快地答应了。兰兰觉得心里有一丝愧疚，就重新买了另一条裙子。之后，兰兰完全信任了这家小店，她也成为小店的常客。

只有很好地倾听别人，才能构建稳定的人际关系。凡是高明的谈话者，都有着很好的倾听素质。他们在听别人说话的过程中，能够体察别人的感情，体谅别人的难处，宽恕别人的错误，容忍别人的缺点。这在职场中，你倾听对方越久，对方就越愿意接近你。这样一来，你掌握的顾客信息就会越多越全面，从而为你的决策提供坚实的基础。

春秋时期，楚庄王准备讨伐陈国，便派使者去侦察陈国的状况。使者侦察后回来报告说：“陈国是不能讨伐的，因为它城墙很高，护城河又深，积蓄的财物也很多。”

大臣宁国听了使者的话，却认为可以讨伐陈国。他向楚庄王分析说：“陈国虽是个小国，但它积蓄的财物却很多，这表明它的赋税重，老百姓一定会对陈国的国君怨恨不满。城墙高，护城河深，则表明民力肯定疲惫不堪。此时派兵攻打它，一定能够大获全胜。”楚庄王听了宁国的建议，遂夺取了陈国。

在职场中，真正有效的聆听，不仅是耳朵的简单使用，而是和嘴巴、大脑有效地配合。因此，对听来的信息进行分析时，应从辩证的角度入手，不为表象所左右，要透过现象看到其本质。只有掌握这一点，才能作出正确决策。大臣宁国正是做到了这一点，才认为能够讨伐陈国。

美国钢铁公司总经理卡里，有一次请来美国著名的房地产经纪人约瑟夫·戴尔，对他说：“约瑟夫，我们钢铁公司的房子是租别人的，我想还是自己有座房子才行。”此时，从卡里的办公室窗户望出去，只见江中船来舶往，码头密集，这是多么繁华热闹的景致呀！卡里接着又说："我想买的房子，也必须能看到这样的景色，或是能够眺望港湾的，请你去替我物色一所相当的吧。"

约瑟夫·戴尔费了好几个星期的时间来琢磨这所相当的房子。他又是画图纸，又是造预算，但事实上这些东西竟一点儿也派不上用处。不料，有一次，他仅凭着两句话和5分钟的聆听，就买了一座房子给卡里。不用说，在许多"相当的"房子中间，第一所便是与卡里钢铁公司相邻的那幢楼房，因为卡里所喜爱眺望的景色，除了这所房子以外，再没有别的地方能与它更接近了。卡里似乎很想买相邻那座更时髦的房子，并且据他说，有些同事也竭力想买那座房子。

当卡里第二次请约瑟夫去商讨买房之事时，约瑟夫却劝他买下钢铁公司本来住着的那幢旧楼房，同时还指出，相邻那座房子中所能眺望到的景色，不久便要被一所计划中的新建筑所遮蔽了，而这所旧房子还可以保全多年对江面景色的眺望。卡里明确反对这样的建议，并找出各种理由为之辩解，一再表示自己不喜欢这个旧房子。但约瑟夫·戴尔并不申辩，他只是认真地倾听着，脑子中飞快地在思考着，究竟卡里的意思是想要怎样呢？卡里始终坚决地反对买那所旧房子，这正如一个律师在论证自己的辩护，然而他对那所房子的木料、建筑结构所下的批评，以及他反对的理由，都是些琐碎的地方。显然可以看出，这并不是出于卡里的意见，而是出自那些主张买相邻那幢新房子的职员的意见。

约瑟夫听着听着，心里也明白了八九分，知道卡里说的并不是真心话，他心里实在想买的，却是他嘴上竭力反对的他们已经占据着的那所旧房子。由于约瑟夫一言不发地静静坐在那里听，没有反驳他，卡里也就停下来不讲了。于是，他俩都沉寂地坐着，向窗外望去，看看卡里非常喜欢的景色。这样的沉默持续了好长时间。

约瑟夫盯着窗外，一动不动，非常沉静地说："卡里先生，您初来纽约的时候，你的办公室在哪里？"

卡里沉默了一会儿才说："什么意思？就在这所房子里。"

约瑟夫等了一会儿，又问："钢铁公司在哪里成立的？"

卡里又沉默了一会儿才答道："也是这里，就在我们此刻所坐的办公室里诞生的。"

卡里说得很慢，约瑟夫也不再说什么。就这样过了5分钟，他们似乎无话再谈，都默默地坐着，大家眺望着窗外。终于，卡里带着不想搬走的情绪半带兴奋的腔调对约瑟夫说："我的职员们差不多都主张搬出这座房子，然而这是我们的发祥地啊。我们差不多可以说是在这里诞生的，成长的。这里实在是我们应该永远长驻下去的地方呀！"于是，在半小时之内，这件事就完全办妥了。

约瑟夫并没有运用雄辩的口才滔滔不绝地讲话，而是在聆听中掌握了卡里准备买房的详细信息，奇迹般地完成了他的工作。倾听是人际交往中的一种手段，它看似一种状态，实际蕴含着丰富的信息，它就像乐谱上的休止符，运用得当，则含义无穷，真正可以达到"无声胜有声"的效果。

因此，在职场中不要随便打断别人讲话，要有耐心倾听。当对方说话内容很多，或者由于情绪激动等原因，语言表达有些零散甚至混乱，你都应该耐心地听完他的叙述。即使有些内容是你不想听的，也要耐心听完。千万不要在别人没有表达完自己的意思时，随意地打断别人的话语。好的沟通是双向的，如果只有人说而没有人听，就不可能沟通，说话的人只是制造出一些声音而已。因此，每一个被激怒的顾客，每个不满意的职员或受委屈的朋友都需要善于听他讲话的人。

# 第九章

# 察言观色，从小信号看透对方的真实意图

人体就好像一台发报机，每时每刻都在向外界发射许许多多的信息，发射的这些信息，有语言，但是更多的是看上去非常平常、细微的动作。对于一个身体语言解读的高手来讲，我们没有任何秘密可言。世界上没有不透风的墙。每个人内心深处的想法就好像是风，即使再厚实的墙也无法完全遮挡。

1

# 身体语言会透露人的内心

美国心理学家艾伯特·梅瑞宾认为：一条信息的表达＝7％的语言＋38％的声音＋55％的人体动作。身由心生，我们的每一个动作都是受到意识的支配。有些是有意识的，有些是潜意识的。但不管是多么微小的动作，都不会无缘无故产生，其中必然暗含着一定的心理活动。对于一个身体语言解读的高手来讲，我们没有任何秘密可言。

1960年9月，尼克松和肯尼迪在全美国的电视观众面前，举行他们竞选总统的第一次辩论。当时，这两个人的名望和才能旗鼓相当，不过，由于尼克松素以"电视演员"著称，肯尼迪则缺乏电视演讲经验，大多数评论员预测，尼克松可以击败肯尼迪。

辩论开始了，由于肯尼迪对个人的身体姿态、精神面貌非常重视，事先进行了练习和彩排，因此在屏幕上出现时体态挺拔，动作挥洒自如。尼克松则因过于劳累而显得精神疲惫，更失策地用了深色的粉为脸部化妆，屏幕上的他动作迟缓，表情呆板，声嘶力竭。一位历史学家形容道："他让全世界看来，好像是一个不爱刮胡子和出汗过多的人，带着忧郁感等待着电视广告告诉他怎样不要失礼。"

结果，肯尼迪在辩论中轻松地击败了尼克松。

有人认为，击败尼克松的，是对手那富有感染力的身体动作和姿态。身体动作和姿态的重要性由此可见一斑。其实，身体动作和姿态是一种比语言更重要的语言，它能表达丰富的内容，反映出人的身份、涵养以及对人对物的态度。

身体语言可以有不同分类方法。

美国乔治·麦森大学的安妮塔·泰勒等人在《交际》一书中，根据交际过程中信息传播的不同途径，将身体语言分为三大类。

第一类是通过听觉接受信息的身体语言。这类身体语言又分为三种，第一种是音色；第二种是类语言，如哭、叫喊、呻吟等；第三种是环境响声。

第二类是通过视觉接受信息的身体语言。该类体语又可以分为四种，第一种是动作，包括手势和运动，肌肉的力度，面部表情，眼睛的运用；第二种是外貌，包括静止的姿态和运动的姿态；第三种是物体的运用，即物体语言；第四种是距离，包括人际距离和领域行为。视觉接受信息的身体语言最为重要，因为靠视觉输入的信息占外部世界输入大脑信息总量的80%以上。

第三类是通过其他途径接受信息的身体语言。包括通过时间、气味、环境接受信息的身体语言。

和安妮塔·泰勒等人的分类不同，卡克·W·贝克于1977年在其主编的《语言与交际》一书中，将身体语言分为无声的动姿、无声的静姿、有声的类语言三种。

无声的动姿是指动态无声的交际。这类交际行为主要包括点头、姿势、面部表情、手势，以及拍打、拥抱等身体接触方式和眼神的运用。

无声的静姿即静态无声的交际，包括人类静止无声的姿态（站姿、坐姿、卧姿等）和人际空间距离。

有声的类语言包括辅助语言和类语言。辅助语言主要包括声音的音调、音量、节奏、变音转调、停顿、沉默等。类语言则是指那些有声而无固定意义的声音，如呻吟、叹息、叫喊等。

这种身体语言分类法简单明了，已为许多社会心理学家和社会语言学家所采用。我们在日常工作和生活中，都可以通过以上那些无声的动态语言来了解对方，从而立于不败之地。

人体就好像一台发报机，每时每刻都在向外界发射许许多多的信息，发射的这些信息，有语言，但是更多的是看上去非常平常、细微的动作。可能很多人在学生时代有过这样的经历：上课的时候，老师在课堂上激情飞扬、妙语连珠，自己却在座位上心不在焉，不知道神游到哪儿去了。突然，老师叫自己的名字，并让自己谈谈刚才讲课的内容。结果自己当然是满脸通红，哑口无言。你尴尬地坐下后，心里还会纳闷地想："我明明装作认真听讲的样子啊，老师怎么知道我在开小差？"其实很简单，老师已经从你的身体语言——一动不动的身体、空洞的眼神中看出了你完全没有听讲。

马林是一个善解人意、体察入微的上司，在一次会议中，大家正在热烈地讨论一个问题，这时秘书林雅的电话突然响起，林雅悄声接了电话，低语几句之后就挂断了。但是细心的马林却发现林雅在接过电话之后一系列的举动，她先是左顾右盼、神色慌张，然后不停地看着门口，接着林雅的脚渐渐朝向了门口，最后她整个人几乎是朝向门口方向坐着了。马林看到后打断了会议，问道："林雅，你是不是有什么事？"林雅焦急地回道："经理，我可不可以请半天假，我妈妈突然晕倒被送进了医院。""好。你快去吧。"得到经理允许的林雅立刻飞奔了出去，同时心里对经理无限地感激。

可以看出，懂得观察和思考的人总是能在人际交往中占据更多的主动和优势。

景景约了好友小青下班后一起吃晚饭。饭桌上景景有些犹豫地对小青说："前两天，吴磊约我一起去看电影，然后他突然说想追求我，你说他这人怎么样啊？"

小青听了笑着问景景："那你觉得呢？你心里到底是怎么想的？"

景景害羞地说道："我觉得他这个人还不错，老实而且是个热心肠，但是他现在只是公司里的一个销售员，是不是条件差了一点儿？"

小青从景景的语言和表情中已经看出其实景景对吴磊是有好感的，只不过还在犹豫的阶段，于是小青就鼓励景景说："你们现在都还年轻，经济方面不要考虑太多，而且我觉得吴磊这个人特别踏实，以后肯定有发展的潜力。在一起的两个人只有患难过感情才更扎实，再说如果你找一个特别有钱的老公，可能他对你就没有吴磊这么真心了呢？"

景景听了连连点头，矛盾的心一下子开阔了起来。其实，景景已经喜欢吴磊了，只不过面对感情她还有些胆怯，这时只要身边的朋友给她一些鼓励，她就可以勇敢地奔向自己的幸福了。

在日常的人际交往中，我们可以通过语言、行动明确了解一个人的意图。例如当你不小心挡住了别人的去路，你会听到一句"借过"；当别人撞到你时，会说一声"抱歉"；当你与朋友道别时，你会看到他向你摇手。这些都非常清楚、明确地表达了别人的想法和态度，但是生活和工作中，很多的语言、动作里都蕴含着引申的含义，也许不方便说出来，需要你用感觉捕捉。这时你就需要学会解读身体语言了。

观察身体语言的目的并不是要窥探别人的内心，而是为我们自己的言行找到更加可靠的依据和指导。在职场中，由于社会规则的约束，人们已经越来越善于隐藏内心真实的想法。虽然敷衍的语言和伪装的表情可以掩饰内心的真实想法，但是身体语言却会泄露你的秘密。在与一个人交往的过程中，他的言谈话语、举手投足、行止坐卧、声色气韵等信息都无时无刻不在泄露着其内心的真实想法。所以，只要我们善于观察，掌握一些身体语言方面的知识，就完全可以破译身体密码，看清楚隐藏在动作表象背后的秘密。

## 2. 微笑是种特殊的身体语言

笑容是我们人类最主要的表情之一，当我们学会破解笑的密码之后，我们会发现，笑也往往是情感的一种表露方式。“在经常需要商务交往的岗位上，我宁愿雇用一个没上完小学却有愉快笑容的女孩，也不会雇用一个神情忧郁的博士。”一家著名企业的老总如是说。由此可见，微笑作为一种特殊而重要的身体语言对于职场人士来说有多么重要。

上海的一个展览馆正在举行规模庞大的汽车展览。这次展览吸引了全国各地的人们，他们蜂拥而来，希望能选购上物美价廉的汽车。在这次展览中有一位来自深圳的富商，他是代表公司来这里选购汽车的。他停在一辆豪华轿车前，对站在他面前的推销员说，他想买一批价值500万的豪华轿车。这对推销员来说真是求之不得的好事，这位推销员立刻为他介绍起来。富商一边听一边皱起了眉头，并非他不满意这些汽车，而是推销员冷冰冰、没有笑容的脸庞让他觉得不舒服，所以他走开了。

富商继续参观，到了下一展台陈列的豪华轿车前，这次他受到了一个年轻的推销员的热情招待。这位推销员脸上挂满了欢迎的微笑，那微笑就跟太阳一样灿烂。富商顿时觉得温暖，所以他又一次说他想选购一批价值500万的豪华轿车。

“没问题！”这位脸上挂着微笑的推销员说，“我来为您介绍一下我们的汽车。”说完，他耐心地为富商介绍了他们公司的豪华轿车，从性能到价钱，每一样他都讲解得十分清楚。尽管这浪费了他不少的时间，但他脸上一点也没有不耐烦的表情，反而始终洋溢着真诚的微笑。

富商被他的微笑所感染，毫不犹豫地签了一张100万元的支票给他作为定金。随后，富商对这位推销员说道："你的微笑让我倍感温暖，在这次展览会上，你是唯一一个让我感到我是受欢迎的人，这种被别人喜欢的感觉对我来说比什么都重要。明天我会带一张400万元的支票来。"

推销员微笑着向他表示感谢，而这位富商也很讲信用，第二天果真带来了一张400万的支票，购下了那批他昨天选好的豪华轿车。

毫无疑问，这位推销员是最大的获益者。在这笔生意中，他不仅得到了不菲的提成，而且还得到了公司发给他的一笔丰厚的奖金。他说他不会就此止步，他要用微笑去创造更大的奇迹，而那位脸上没有微笑、冷冰冰的推销员，现在没有人知道他在哪里。

微笑是人类最具魅力的言语，是维系人际关系的纽带，是全世界最佳的沟通手段。它鼓励他人与你交流，也让他人感觉到你的善意和热情，同时，它还让你的声音充满活力，也让你自己感觉良好。微笑，实在是人类最美好的形象。人与人之间和谐关系的建立，有时需要的仅仅只是一个微笑。

有一天，当康拉德·希尔顿把自己几千美元的资产增值到几千万美元这个消息欣喜而自豪地告诉母亲时，母亲却淡淡地说："依我看，你跟从前没什么两样……你必须把握更重要的东西，就是除了对顾客诚实之外，还要想办法使来希尔顿旅馆住过的人还想再来住，你要想出一种简单、容易、不花本钱而行之久远的办法去吸引顾客，这样你的旅馆才有前途。"为了找到一种具备母亲所说的"简单、容易、不花本钱、行之久远"的四大条件的办法，希尔顿逛商店、串旅店，以自己作为一个顾客的亲身感受，终于得到了答案——微笑服务。只有它才实实在在地同时具备母亲所提出的四大条件。同时，他一贯坚持的用人之道和经营风格，足以保证员工的笑容是真实的、发自内心的。希尔顿要求每个员工不论如何辛苦，都要对顾客投以微笑，即使在旅店业务遭遇经济萧条时，他也经常提醒员工记住："万万不要把我们心里的愁云摆在脸上，无论旅馆本身遭受的困难如何，希尔顿旅馆服务员脸上的微笑永远是属于旅客的阳光。"

从此以后，希尔顿饭店内处处可见温暖人心的微笑，而微笑服务也成为希尔顿饭店业遍布世界五大洲各大城市、资产不断扩大的诀窍。

微笑是获取人心最有效的方式，它能消除人与人之间的界限。卡耐基就曾经说过："只要你时时超越自我情绪的困惑，让面孔涌起微笑，就会感染他人，形成你与他人之间人际关系的良性循环。"在职场中，真诚的微笑不但可以使人们和睦相处，也能给人带来极大的成功。

## 3. 眼睛展现说话者的心灵世界

眼睛也许是脸部除了嘴巴最擅长表达的器官了，在我们的肢体语言里，眼睛所传递的信号是最有价值也是最为准确的，因为它是传达身体感受的焦点，而且瞳孔的运动是独立、自觉、不受意识控制的。所以，眼睛是最重要的信息窗口之一。很多时候，通过对眼睛发出的视觉语言信号的解读，我们可以清晰地解读出对方的心理意图。

那么，眼睛究竟"说"了些什么呢？

**(1)说出了认真**

这是人们在洽谈业务、磋商交易和贸易谈判时使用的一种凝视行为。让我们设想人的前额处有一个三角形，如果一双眼睛盯在这一区域内，那么就创设了一种严肃的气氛，而对方也能感觉出这种眼神是认真的。

(2)说出了友善

这是人们在社交场合，如茶话会、舞会等各种聚会中所使用的注视行为。这种注视也是用眼睛看着对话者的三角部位。这个三角是以两眼为上线，嘴为下顶角，也就是在双眼和嘴之间。当你看着对话者脸上的这个部位时，就会营造出一种社交气氛，就好似对谈话者说："嘿，我们是朋友！"

(3)说出了亲密

若想亲近某人，你的眼光会游移在对方眼睛至下巴乃至上半身之间。在亲密关系中，你眼睛注视的是对方眼睛至胸部的三角区域；如果关系更近一步，你的注视会是在对方眼睛至胯部的区域。相爱的恋人这样彼此对视，就是在向世人表白："我们是亲密的一对儿！"

(4)说出了轻视

轻轻斜睥一瞥是一种用来表示轻视或敌意态度的注视行为。如果这种行为伴随着微笑和略微翘起的眉头，就是在告诉别人："我对你感兴趣！"如果伴随的是眉毛下垂、嘴角下撇，这种注视就成了一种表示猜疑、轻视、敌意或批评性的人体信号。

在人际交往中，我们不仅要"听懂"眼睛所"说"的话，而且也要学会用眼睛来"说话"。通过上面的叙述，你就会明白，在与别人的接触中，你的目光该落在对方身体的哪个部位，这会对你的讲话产生很大影响。

眼睛的语言，透示着一个人的品质和修养。一个人的眼睛最能准确表达出一个人的感情和意向。眼神的交流在我们的社交活动中有着举足轻重的作用。如果你仔细研究一名著名讲师的演讲，那么你就会发现在演讲的过程中，他会大量地使用眼神的交流来增加他的感染力。

曾经有人做过一项试验，将一些相同的文章分别交给两组水平差不多的学生，让他们进行背诵，实验中唯一的不同在于前者将这些句子写在了黑板上，并用不同颜色标记出了重点。试验结果非常明显，由于用不同颜色标记重点内容采取了视线控制的方式，在相同的时间内，前一组的学生记忆的内容多，而且更加牢靠。

哈佛大学的一项研究发现，如果一个人在交往的过程中注意控制谈话对象的视线，那么他成功交往并且让别人记住他的概率会大大增加。有一项研究强调了视觉器官的重要性：在我们人类所有接收的信息中，有65%以上是通过视觉器官获得的。听上去视觉控制是一项非常深奥的学问，其实在日常生活中，这项技巧经常被用到。一位老师借助教鞭讲解黑板上某个问题的重点，就是一种典型的视线控制方法，这样有助于提高学生的注意力。

当你还是个孩子的时候，一定有过这样的经历，父母验证你是否撒谎的时候，会说："看着我的眼睛，你再说一遍。"这话对于大多数人来说，肯定是不会陌生的。这是因为，大多数人认为直视某人的眼睛，可以看出一个人是否诚实。对于撒谎者来说，他们说了谎，由于心虚，一定不敢正视别人的眼睛，因为心虚，怕对方看透他的心思，所以眼神飘忽不定。许多电影电视中的情节都体现了这一点。

心理学家做过的实验表明，人们视线相互接触的时间，通常占交往时间的30%～60%。如果超过60%，表示彼此对对方的兴趣可能大于交谈的话题；低于30%，表明对谈话没有兴趣。而视线接触的时间，除关系十分密切的人外，一般连续注视对方的时间在3秒左右，过长时间的视线接触会让你对他的兴趣大于他的话语，而让对方感到不适。

因此，在说话中，眼神也包含很多的含义。如果在与他人交流的过程中，对方完全不看你的眼睛，那么就意味着他对你的谈话并不感兴趣。如果你要了解对方心中的想法，请多看看他的眼睛吧！眼神会告诉你一个真实的答案！

4.

## 摇头与点头显示说话者的心理信息

头部是人体重要的部分，在与人沟通活动中，这部分的动作是最引人注目的。同时发生在这些部位的情感体验的反应是最大的。这些部位的动作，能将惊讶、愤怒、恐惧、悲哀、憎恶、好奇等感情一一表现出来。因此，头部动作是最常见的身体语言之一。

研究表明，人体承受接触的部位中，接触频率最高的是头部，头部占人体面积的1/9，自我触摸行为有50%以上集中在头部。专家发现人类触摸头部的动作有650种，可以把它们归纳为四大类。

第一类是隐蔽动作的接触。如听到噪声时以手掩耳，光线过强时用手遮眼，气味过烈时以手捂鼻。第二类是整理身体动作的接触。将手举向头部做出“抓、擦、摸”的动作，这本是维护头部清洁的动作，情绪混乱时也会做出这种动作来。第三类是特殊象征的接触。用手指或笔敲头，或用手掌托住头部不动表示思考，痛苦时两手抱头。第四类是自我亲密性的接触。这是为了获得精神生活上的安定，是一种下意识的心理平衡动作，手撑住头部，是为了减轻头部的重量，减轻肉体和精神上的疲劳。

点头也许是我们最常见的一种头部动作了。它最常见的含义是我们习以为常的表达赞同的含义。身体语言研究的专家认为，点头是鞠躬的一种简化了的行为，由于低头，我们身体自然地倾斜，这样就相当于缩减了我们的身体大小，使我们显得更加地渺小，没有其他的威胁性，表明一种屈从性。所以点头被认为是包含一种同意的意思。

但是如果你认为点头仅仅是一种表达同意的信号，那你就大错特错了，点头这个最常见的头部动作的背后，包含着非常多的隐秘含义。点头有的时候，仅仅代表“我听到了”，而不代表“我同意这种观点”。比如当你在开导某个人的时候，也许他会不断地点头，但是他并没有接受你的劝解，而仅仅是在告诉你，“我听到了”。

摇头的含义如此地明白，以至于根本不需要多加描述和讲解。但问题是随着年龄增长，我们越来越重视对于自己内心想法的保护。我们已经不会像婴幼儿时期那么直接明显地用摇头来表示反对了。成人以后我们会渐渐将摇头转化为一种非常隐蔽的动作，借此来表达含蓄的拒绝。比方说，当你对某人的观点和建议持有不同意见，但是由于地位悬殊、年龄差距等种种原因不能直接表达的时候，我们会把摇头这个动作衍生出许多类似的动作。比方说我们会频繁地转换用左右手支撑脸部，或者会用眼睛左右瞟。这种说“不”的动作，其实就是由摇头演化出来的。按照现在时髦点儿的说法，这些动作是“摇头的简化版”或者“摇头试用版”。

不管是摇头、低头或歪头，都是在特定的心理状态下才会做出的动作。通过对于头部动作的观察和研究，一个身体语言的研究者会发现很多人内心深处潜藏的秘密。比如，当一个人说话的声调提高时，他的头部也会随之提高，而当要结束他的谈话时，随着声调的降低，头部也相应地降低下来。当他继续说话时，不但声调保持相同的高度，而且头部也挺得笔直。当你谈话时，对方有意降低声调并低下头去，或是配上看手表的动作，这就是尽快结束谈话的暗示。

触摸头部也是一种很重要的获取信任的小技巧。在年轻的情侣之间、夫妻之间或父母与子女之间，手部与对方头部会经常接触。毫无疑问，这是发出了爱的信号。

不过对于触摸他人头部来说，并不一定能给你带来赞同，行为心理学家研究发现，触碰他人的头部一般有三种含义：

**(1)友好的援助**

在电影里或生活中我们可以看到这样的情景，当一个人受了伤，他的朋友往往会上前抱住他的头；类似的情景在电影中屡见不鲜，男主角去世了，女主角往往会将自己的脸贴在男主角的脸部，显得异常伤心。任何人想帮助受伤的对方时，首先想到的就是保护他的头部。

(2)祝福的含义

我们从宗教仪式中就可看到。基督教领袖往往会将手按在他人的头顶上，给予祝福。同样，佛教中的高僧也采取同样的行为，保佑信徒们消灾免祸。

(3)警告、挑衅的含义

在争斗的过程中，攻击头部能够取得最好的效果。所以抚摸他人头部也具有一种挑衅警告的含义，电影里拿枪顶住对方的头部的画面使用得最为娴熟了。

## 5．握手动作透露的秘密

人们常说，眼睛是心灵的窗户，但能够透露你所思所想的不只有眼睛，还有你的手。社会生活中使用手势频率很多。比如，飞吻是西方国家的一种常见的手势，飞吻这个动作的起源十分古老，据说最早源自希腊。希腊人在向天神祈福时，通常会先摊开双手双臂，脸朝向天空向神祈祷，之后再用飞吻之手势抛给天上诸神，以表示喜欢、敬爱之意。后来在16世纪时传到了西班牙宫廷，再传至英法、意大利等国。今天意大利南部拿波里之圣海伦节，当举行圣血圣瓶游行庆典，人山人海、万头攒动之时，大多数信徒因为无法伸手触摸盛放圣血的圣瓶，就会以飞吻表达自己的敬意。和飞吻同时经常被西方人使用的手势还有V字手势和OK手势，这些手势也逐渐在世界流行。

英国《每日快报》的一位记者在对多张欧美政客的照片进行研究之后，有一个有趣的发现：这些政客大多数都钟情于在拍照的时候摆出一个身体姿势：伸出手臂，并用手指指向天空的某个地方。奥巴马访问英国的时候，英国首相布朗和反对党领袖卡梅伦都不约而同地在奥巴马身边伸出了手指。在这些照片中，我们还发现，民主党总统竞选人希拉里、德国女总理默克尔和法国总统萨科奇都钟情于这个手势。连一贯以保守著称的英国王室也钟情于这个手势，查理斯王子就在很多场合都做出过这个手势！

为什么大多数人都钟情于摆出“一指神功”的手势呢？英国沃里克大学社会心理学家斯金纳指出：“一指神功说到底是一种自信。”手势的含义在我们日常生活中是非常重要的。

握手是全球最通行的一种打招呼方式，不管是何种肤色、何种国籍的人，大多会在交流的开始和结束选择握手这种方式。在历史上见面双方向彼此伸出双手，向对方表明诚意，说明自己没有武器的一种仪式演变发展而成现在我们所看见的握手。当双方握手之后，你会从对方的握手方式传递给你的信号中获得对方留给你的“第一印象”，而对方也完全和你一样。

潜意识在握手之后会作出相应的评价，评价大致可以分为以下三种情况：

他让我感受到一种压力，正试图控制我，他是一个具有侵略性和控制欲的人。

他一定是一个“软柿子”，我有能力去控制他。

我与他势均力敌，和他在一起，我应该不会有太多的压力。

也许你会觉得，握手仅仅是一种打招呼的仪式，并没有对此做过多地考虑。但是实际情况是，不管任何人在握手的时候，都会在潜意识中对上述三种情况进行分析。动物的趋利避害的本能，让我们天生就会对我们周围的人作出评判，虽然不同的人对这种评判过程的灵敏程度不同，但握手过程中的评判是一定存在的。

握手的方式也是一种身体语言。美国女作家海伦·凯勒曾经写道：“我接触过的手虽然无言，却极有表现力。有的人握手能拒人千里……我握着他们冷冰冰的指尖，就像和凛冽的北风握手一样。也有些人的手充满阳光，他们握住你的手，使你感到温暖。”可见握手的力量、姿势和时间的长短能表达出握手人的不同态度。

在社会交往和商务活动中，握手普遍被用来沟通情感和维系关系。用双手握手，是一种充满暖意的握手方式。当我们双手握住对方的手的时候，就在无形中控制了对方的身体的角度，让目光可以对视，显得更加真诚。而且双手握手大大增加了双方的身体接触，打破了本来的身体空间，让双方更融洽地处在同一个空间之中。这种握手方式在某种情况下会让人感受到真诚、信任和表达关切的含义。但是，很多人其实并没有真正掌握握手的真正要领。由于错误的握手方式，给他人造成不良的第一印象的例子比比皆是。下面的握手方式就是错误的：

**(1)奄奄一息的握手**

被公认的最不受欢迎的握手方式非此莫属，我们往往会发现某些人在握手的时候，就像是一个奄奄一息的病人一样，软弱无力。而且握手的时间非常短，往往稍微一握之后就草草了事。这种握手方式会让别人感觉你毫无责任感，一定是一个软弱无力的人。如果与你握手的人恰恰地位比你低，这种握手方式会让其觉得被轻视。试想，如果在与客户握手的时候，你采取这种方式，有谁会把自己的业务交给一个让他觉得毫无责任感而且软弱无力的人呢？

**(2)钳子般的握手**

钳子般的握手方式，会让对方觉得好像是被钳子夹住一样，甚至会觉得疼痛。一般采用这种握手方式的人，一定是一个权力欲、控制欲很强的人。而且，“钳子”的力度越大，这种性格就越明显。有些霸道、富于侵略性的人，往往会让大多数和他握手的人体会到了什么叫作力度。如果你不想给别人造成类似的印象，那么请不要采用这种方式，这种握手方式只有在你想给予别人信心的时候才可以适当使用，毕竟大多数的人并不希望被人控制，而且也不希望被别人捏得龇牙咧嘴。如果你与老板握手的时候采用这种方式，那么我想你的职业生涯会遭到很大的影响，这种握手方式在某些比较敏感的上司那里会被认为是一种“挑衅”的信号。这种握手方式还会出现在一些渴望摆脱你控制的人身上，他们往往也会采用这种方式虚张声势，对你的心理造成一定的威慑。

**(3)刺刀般的握手**

想知道这种握手究竟是一种什么情景，那么你可以回忆一下电视上用刺刀拼刺靶子的情景。使用这种握手方式的当事人，会将手臂弯成几乎 90 度的角度，然后直挺挺地将小臂伸向握手对象。这种握手方式会让别人觉得非常突然，同时也显示出你的性格毛躁，有争强好胜的一面。这种方式往往会身体前倾，一只脚也会随着重心前移。这就人为地为自己画出了一个虚拟的私人空间，会让人觉得受到冷落。

**(4)拉入式握手**

与刺刀般握手相仿，这种握手方式的最大特点是，握手人会将握手对象拉到自己身边，而让对方进入到自己的私人空间。这种方式的握手，可以看出握手的人是一个缺乏安全感的人，他把对方拉入私人空间的目的和希望获得主场优势的球队出于同种目的，是为了更好地克服陌生环境带来的紧张、害怕和不安。另外这种握手方式还有一种可能是，握手人长期处于一种对个人空间要求不高的环境中，比如一个团体生活的运动员或一名军人等。

**(5)活塞式的握手**

这种握手方式的最大特点是，两人握手后，一个人就开始快速地摇动胳膊，而且好像永远不会停下来一样，这种握手方式在一定程度上让人觉得非常亲切和热情，但是如果不注意把握“度”的话，反而会弄巧成拙。

最后我们还需要注意的是，如果你双手都是汗水，握上去感觉黏黏糊糊，像一块刚刚擦过稀饭的抹布的话，那么不管你的握手方式多么正确，不管你表现得多么彬彬有礼、热情有加，都不会给他人留下任何良好的印象。由于手部是全身汗腺最密集的部位，所以如果觉得自己手部会经常出汗，那么最好还是为下一次握手准备一些爽手粉或一条手绢吧。

正确的握手方式需要根据当时的环境来判断。如果我们希望握手之后的气氛能够融洽和谐，我们应该在握手的时候，就尽量保证双方的手掌处于同一个平面，尽量保证与对方施加的力量保持一致，然后轻缓地摇动 4～6 次。

在我们日常的商业活动中，对于一个不了解身体语言的业务员来说，其实每天他都会产生很多“无用功”。当他和客户谈话的时候，也许他并没有看出来，客户已经对他关上了心灵之门。换句话说，这就意味着客户已经完全不理会他在谈什么，即使看上去客户仍然不动声色，但是他内心唯一渴望的恐怕就是让你赶快离开。因此，你就应该随时注意他人的握手动作。

6.

## 瞧瞧脚在“说”什么

人的心理往往会从脚语中泄露出来。当人们双脚交叠在一起时，就如同双臂交叠一样，属于一种保护性的动作。交谈中若对某人有好感，双腿就会自然朝向某人交叠。谈话的时候，身体前倾，脚尖跷起，表示殷切而愿意合作；反之，要是身体挺直，两脚交叉的话，则意味着怀疑与防范。若有人一坐下来就跷起二郎腿，往往说明这个人有很强的对抗意识。若是女性大胆地跷起二郎腿，则表示她们对自己的容貌和身材等有足够的信心，这样的女人往往有自以为很不错的资本，比较骄傲，有想要显示自己的强烈欲望。

在日常交际中，由于脸部是他人注意的焦点，因此离脸部愈远的地方，我们愈不加以控制。腿和脚离脸部最远，因此常常成为泄密最多的部位。一个人或许可以假装出镇定自若的表情，可是如果他的双脚不断地轻敲地板或者双腿一直微微晃动，那就说明在镇定自若的神情下，他的内心充满了挫折感和犹豫。

在职场中，上半身的身体语言再良好、完美，如果腿部的身体语言不过关，同样会做无用功。比如，手脚伸开懒洋洋地坐在椅子上 说明相当自信并且有些自傲，不把对方放在眼里。跷起二郎腿，两手交叉在胸前，收缩肩膀，说明感到疲倦，对眼前的事不再感兴趣。据调查，谈话对象的双臂或双腿交叉，说明他是处在一种抗拒或防御心理。如果是男人采用这种姿势，而且他们还经常紧握拳头，把手放在膝盖上，或者紧紧地抓住椅子扶手，则更能说明这个问题。在对医院中等待诊断结果的病人观察发现，大多数人在等待诊断结果时，他们交叉双脚的概率是平时的 3 倍。在老师宣布要公布考试成绩的时候，大多数学生都不由自主地将双脚交叉，而当念过某个学生成绩后，取得好成绩的学生很快会将两脚分开，但是成绩不好的学生往往会更加紧密地交叉双脚，甚至有些还会紧紧地抓住椅子把手，显得更加焦虑，也许他们在考虑该如何承担成绩不好的责任。

当一个人和你谈话时，你发现他靠在墙上或一只手倚在桌子等支撑物上时，说明这个人多半是由于因为你的谈话让他感到失望。当一个人别腿交叉站立时，可能是对你的意见持保留态度或轻微拒绝的意思，同时也暴露出这个人感到拘束和缺乏自信心。如果是女性在面对陌生人时做这个动作，则表明她内心有点害羞。需要注意的是，女性交叉双腿的姿势和男人不同，女性一般是并拢双膝、小腿或是保持笔直，或者是稍稍分开，双手平行放在膝盖上，或双手重叠放在膝盖上。这个姿势明显是持抗拒和否定态度。比如说，绝大多数人在谈话的时候都是脚脖子交叉，说明他们是想控制住自己的情绪。

在说话时，腿部动作可以扩大和缩小自己的势力范围。男性张开双腿的坐姿具有攻击性，这种姿势能扩大自己的势力范围。如果一个人腿跷起来横跨在椅子扶手上，这种人往往对人漠不关心甚至还会有些敌意，对此空中小姐很有同感，这些人难以服侍。分开双腿面向椅子背倒坐，表明该人具有统治性和侵犯性。标准式架腿动作，即将一条腿整齐地放在另一条腿上(通常是左腿压在右腿上)，一般是在无意识之中表示拒绝或悠闲。

此外，关于脚的站姿也有不同的含义。美国夏威夷大学一位心理学家经过研究后指出，不同的“站姿”往往反映出一个人的性格特征。不同的生活习惯、起居饮食、言谈举止、厌恶爱好以及意识倾向会决定一个人的站立姿势，也可以通过站姿看出一个人的性格特征。以下是几种站姿反映出来的身体语言：

**(1)站立时双目平视**

这种站姿接近标准姿势，习惯这种站姿的人非常自信，性格开朗，给予别人一种“气宇轩昂”的感觉，此人对生活有幸福感，是属于乐天派的一类人。

**(2)站立时弯腰驼背**

这类人的性格封闭、保守，有时甚至有点自闭，自我防卫意识非常强，比较敏感，在生活中没有安全感，经常会觉得惶恐不安或自我抑制。站立时头部下垂，胸不挺，眼不平的人，则是缺乏自信，做事畏缩不前，不敢承担风险和责任的人。

(3)习惯将双手叠于胸前站立

团队的领导者往往喜欢这种姿势，有这种站立习惯的人，性格比较坚强。在他们的人生词典中，好像就没有困难的概念。即便遭受很大打击，也能迅速振作起来。但是对于陌生人，往往自我保护意识比较强。这类人经常给人一种难以接近的印象。他们也过分重视自己的利益，集体感不强。总的来说，这类人是一类不太好接近的人。如果他们在谈话时身体微微往一边倾斜，则表明他不喜欢你，你最好赶紧找个理由离开。

(4)叉腰站立

习惯这种站立姿势的人和习惯将双手叠于胸前站立的人性格上有部分相同，但是习惯这种姿势的人性格上趋向于开放，在自信心和精神上这类人有着绝对的优势，对眼前所发生的事情有了充分的准备。这是一种开放型的动作，没有一种气魄似乎并不容易做到。

(5)习惯将双手置于臀部

这种人自我意识很强，对自己认定的事情绝对不会轻易改变，处事谨慎小心，不会马虎，且有很好的领导能力，但是有时会太主观，性格倔强，甚至顽固。

(6)习惯将双手握于背后

这类人往往纪律性很强，奉公廉洁，重视权威。对工作认真负责，绝对不允许下属有任何差错和欺瞒。他们极富耐心，但缺点往往是情绪波动比较大，说风就是雨，给人一种难以捉摸的感觉。

(7)双脚合并，双手垂置身旁

习惯这种站立姿势的人性格比较保守、传统，有时候甚至会让人觉得有些古板，但这种人诚实可靠，生活方式往往保守传统，墨守成规，对新鲜事物的接受理解能力也欠缺。可是这种人韧性较强，认准的事情往往不会放弃，不向困难低头。

真是不看不知道，人们的脚部动作还有这么多的含义。以后在交往中可要注意了。

# 第十章

# 多听少说，学会用幽默给自己圆场

幽默是一种经过艺术加工的语言形式，是艺术化的语言。幽默常会给人带来欢乐，据统计，那些在工作中取得成就的人，并非都是最勤奋的人，而是善于理解他人和颇有幽默感的人。在人际关系紧张而复杂化的情况下，幽默说话能缓和冲突，化解矛盾，使困难的工作得以顺利进行。

1

## 幽默话拉近你与他人的距离

幽默是一种宽容精神的体现。要使自己学会幽默，就要学会雍容大度，善于体谅他人。乐观与幽默是亲密的朋友，在交际中如果多一点趣味和轻松，多一点笑容和游戏，多一份乐观与幽默，那么，就没有克服不了的困难，也不会出现整天愁眉苦脸，忧心忡忡的痛苦者。因此，美国的一位心理学教授认为，幽默是与人友善相处的一种科学方法。在人际关系紧张而复杂化的情况下，幽默说话能缓和冲突，化解矛盾，使困难的工作得以顺利进行。

有一次，一位顾客走进一家有名的饭店，点了一只油氽龙虾。他发现菜盘中的龙虾少了一只虾螯。他询问侍者，侍者把老板找来。

老板抱歉地说："对不起，龙虾是一种残忍的动物。您的龙虾可能是在和它的同类打架时被咬掉了一只螯。"

顾客巧妙地回答："那么请调换一下，把那只打胜的给我。"

老板和顾客双方都用幽默的表达方式，委婉地指出双方存在的分歧。这种方式不取笑、不批评他人，没有伤及他人的自尊，既保护了餐馆的声誉，也维护了顾客的利益。可见，在职场上，当你遇到急迫而又棘手的问题时，懂得随机应变，恰到好处地使用一句幽默的话，能令你化解尴尬。

冬季的北京寒气袭人，各家商店门口都挂着厚重的棉帘子。进出者一里一外，相互看不见，如果两人同时掀开棉帘子，相撞之事在所难免。一天，一位小伙子正掀开棉帘子准备进去，恰好里面一位小姐也在掀开棉帘子准备出来，同时迈出了脚。姑娘一脚踩在小伙子鞋上，冷不防打了个趔趄，不禁“哎哟”惊叫一声。小伙子忙伸手扶住并说了一声对不起，让开了道，让小姐先出来。小姐出门后，看了小伙子一眼，说：“你是怎么走路的！”咄咄逼人的责问令小伙子一时语塞。

在门口踩脚本来双方都有责任，自己已经友好地道歉了姑娘还不放过，小伙子也有些急了。但他转念一想，人家是斯斯文文的小姐，踩了大小伙子的脚已有些不好意思，何况又在众目睽睽下被他扶住，更是不好意思。只是姑娘因自己的失态心中恼火，便不经意地把气撒到了这位“肇事者”身上。如此一想，顿时怒气全消，笑着说道：“对不起，我是用脚走路的。刚才吓着您了。”小姐一愣，随即扑哧一笑，“你这个人说话真逗，这不能怪你，主要是我没看见，脚也伸得快了一点，踩了你。”

人用脚走路是正常的，怎么会吓着别人？小伙子以自己的幽默，巧妙地告诉小姐，是我的脚害了你，暗示自己对她的理解和尊重。姑娘由责问到道歉，一场口舌之争得以避免，全靠了小伙子善意的幽默。

幽默的语言人人爱听，掌握适当的幽默技巧是必需的。在人际交往中，幽默感起到了润滑的作用。每个人都喜欢谈吐幽默的人，也希望自己谈吐很幽默。因此，掌握一些幽默说话的技巧，对你提高幽默水平将有所帮助。

清朝李鸿章有个远房亲戚李某，胸无点墨而热衷功名，一心想借科举弄个一官半职。一次，在考场上打开试卷，谁知竟有一多半字不认识，急得如热锅上的蚂蚁。眼看交卷时间就要到了，他灵机一动，在试卷上写道：“我乃李鸿章中堂大人的亲妻。”这最后一个字本意想写“戚”，因不会写，以“妻”字代替。当主考官批阅这份试卷，读到“我乃李鸿章中堂大人的亲妻”时，不禁拈须微笑，提笔在试卷上批道："所以本官不敢娶（取）你。"

这里，主考官妙用幽默，语带双关，明言此（不敢娶你）暗言彼（学问浅薄，不能取你），既幽默风趣，又一针见血。幽默的语言人人爱听。只有迅速地捕捉事物的本质，用恰当的比喻、诙谐的语言，才能使人们产生轻松的感觉。当然，在幽默的同时，还应该注意，重大的原则是不能马虎，不同的问题需要不同对待，在处理问题的时候要具有一定的灵活性，做到幽默而不落俗套，使幽默能够在人类精神生活上提供真正的养料。

在职场中，幽默是一种智慧的表现，它必须建立在丰富的知识基础上。我们要掌握幽默的说话技巧，就必须认真领会幽默的内在含义，扩大知识面。我们应广泛涉猎，充实自我，不断从浩如烟海的书籍中收集幽默的浪花；从名人趣事的精华中撷取幽默的宝石。假如你能够对古今中外、天南地北等方面的知识都有所了解，再加上自身较强的驾驭语言的能力，那么，你在交际的过程中，谈吐就比较容易变得生动幽默。

## 2. 学会"装傻"，有些话能听不能说

你明明是聪明人，可你装得很傻，只有你装了傻，才可能在下一步显得聪明。你把傻相装得越认真越好。这其实是一种转弯抹角的幽默技巧。转弯抹角要取得语言的魅力，在很大程度上取决于所转的弯与所抹的角和实际情形之间的反差。在这里含有设置悬念的味道，一开始你的话离你所想表达的意思相距十万八千里，让对方摸不着头脑，强烈地想知道下文，然后你才转弯抹角地把话题拉近，最后将自己的意思完全表达出来，却往往与对方所期望的情形有非常之大的出入，期望与现实产生冲

突，语言的魅力就这样产生了。

法国著名的幽默家特林斯坦·贝尔纳有一天去饭馆吃饭，他对厨师很不满意。付账后，贝尔纳请侍者把经理叫来。

经理来后，贝尔纳对他说："请你拥抱我。"

经理奇怪地问他为什么。

"永别啦，你以后再也见不到我了。"

说话含蓄，是一种艺术，也是幽默的一大技巧。如果贝尔纳付账后，立刻就说："我再也不来了。"那还有什么艺术可言呢？他的幽默才华恰恰在于明明要贬抑厨师的手艺，却装着一种高度赞扬的样子，让对手被迷惑以后，才给他迎头痛击。含蓄地表达幽默，是把重要的、该说的故意隐藏起来，却又能让人家明白自己的意思，把幽默寓于其中。这种说话技巧，有一定难度，它要求有较高水平的说话艺术和高雅的幽默感，体现了说话者驾驭语言的能力和含蓄表达幽默的技巧，同时也包含着对听众想象力和理解力的信任。关于幽默的语言运用方法可谓五花八门。再举一例：

编辑："这首诗是你自己写的吗？"

作者："是的，每一句都是我写的。"

编辑："拜伦先生，我十分高兴地看到您，我以为您死了已经有一百年了。"

装傻要装到底，把傻话当真话说，把真话当傻话说，才能不动声色地让对方把脚一个一个地露出来。在这里把对方当作拜伦已经是一个很大的马脚了，可还分量不足，再代他点出拜伦是 100 多年前的人，让他感到无可逃遁。在实际生活中，这种转弯抹角说话的幽默技巧，自然并不限于对付抄袭的作者。在职场中，我们有时要学会傻话真说，真话傻说；正话反说，反话正说的技巧才能更好地达到目的。

转弯抹角的语言魅力在于将一些难以言传的情形，巧妙地采用一些与主题毫不相关的话语，最后突然转一个急弯，与主题发生联系以实现说话者的真实意图和目的。这种转弯抹角的说话方式常常让听者如坠入云里雾里，但最后却在明白说话者的意图后哑然失笑。

希尔先生喜欢吃鱼，而且特别喜欢吃鲜鱼。一天中午，他沿着湖边散步，他想这里一定有好鱼。果然，他看到附近一家餐馆的黑板上写着“供应鲜鱼”。他立刻走进餐厅就座。一会儿，女招待端上一盘鱼，却是两条煎鱼。

希尔先生仔细观察着盘中的鱼，喃喃自语，却不动手，女招待见了觉得很奇怪，她问道：“先生，还缺什么？要不要盐？”

“谢谢，不用了。”希尔先生说完，又喃喃自语。

“那您为什么不吃呢？”

“你瞧，我现在正处于悲哀之中，”希尔先生说，“我叔父8天前在这儿淹死了，我正在问它是否知道此事。”

“多有趣！”女招待挖苦道，心想这人一定是疯子，因为最近这里根本没淹死人。

“鱼怎么说呢？”她笑着问。

“噢，它告诉我说，8天前我叔父淹死的时候，它不在水里，因为它在厨房已经10天了。”

直到此时，那位如在云里雾里的女招待总算明白了希尔先生的真实意图了，不禁为之哑然失笑。

希尔先生对鱼的新鲜程度有了怀疑，但他并不是直接向女招待说出，因为那样的话可能会招致女招待的否认和回击，根本起不了任何作用。于是，他妙用转弯抹角术，把话题扯远，再一步步回到正题上，以问鱼这样一个荒诞的情景，编造一个其叔父淹死的故事，含蓄委婉地表达出了“鱼根本不新鲜”这样一个意思，听后使人忍不住哈哈大笑，也让女招待无法回击。希尔先生以幽默当武器，含蓄地指出了餐馆所存在的问题，真是让人忍俊不禁。在职场中，学会了这种说话方式不但能帮助你获得他人的好感，有时会更有益于一些问题的解决。

3.

## 把自己逗笑，别人也会跟着你笑

有一种话大家都十分喜欢听，那就是笑话。笑话其实就是风趣幽默的语言。因此，说话幽默能给大家带来轻松和欢笑。除了一些严肃的特殊场合外，随口来一两个笑话都可以吸引听众的。当然，笑话也有场合，笑话最好能和说话的场合相联系，甚至可以把主角调换成听众中几个玩得起的人以增加幽默效果。这样就可以引发一场场哄堂大笑，引来无数崇拜的眼神。

在抗日战争取得胜利后，著名国画大师张大千正要从上海返回四川老家。行前，他的学生糜耕云设宴为大师饯行。这次宴会邀请了梅兰芳等社会名流出席。宴会伊始，张大千先生向梅兰芳敬酒时说："梅先生，你是君子，我是小人，我先敬您一杯。"梅兰芳不解其意，忙含笑问："此作何解？"大千先生笑着答道："你是君子——动口，我是小人——动手。"张大千先生的幽默引得宾客为之大笑。

正是因为张大千的幽默，梅兰芳才会和张大千成为挚友。设想张大千并不是一个懂得幽默的人，依照梅兰芳的性格，他是很难同梅兰芳建立深厚的友谊的。正是由于幽默，张大千与梅兰芳彼此之间的交际圈都得到了扩大。在人际交往中，开个得体的玩笑，可以松弛神经，活跃气氛，营造出一个适于交际的轻松愉快的氛围。但是，千万不能碰到别人的痛处，那样只会适得其反。

在职场中，幽默不仅能使你成为一个受欢迎的人，使别人乐意与你接触，愿意与你共事，它还是你工作的润滑剂，促使你更好更快乐地完成工作。这些都是其他的方法所不能达到的，也是一种最廉价的交际方式。一个人如果能够恰如其分地把个人的聪明运用到智慧的幽默中来，就能使别人和自己都享受到快乐。那么，他就会得到更多喜欢自己和钦佩自己的人，也会获得更多关心和支持自己的朋友。

金庸平时不动声色的谈吐往往会令人忍俊不禁。金庸喜欢驾车，更喜欢驾跑车。曾有人问他："你驾跑车超不超车？"金庸答："当然超车，逢电车，必超车！"闻者无不绝倒。

金庸号称"从未醉过"。很多人以为他酒量过人，而实际情形是他很少喝酒，或喝得很少，那就当然不会醉。他曾对一位女孩子说："你的美丽增长率最高。"女孩听后大喜，沉吟片刻忽然醒悟，原来金庸是暗示她小时候长得难看。

有人曾倡议道："电视和武侠小说中有很多打斗场面，会给儿童和分辨能力低的成人带来不良的影响，应该限制。"对此，金庸的看法如下："以前有人攻击武侠小说，认为小孩看了会模仿，也上山学道去了。我想这个责任不应该由武侠小说来负的，一把菜刀可以用来切菜，也可以用来杀人。我写小说时，只想到小说的读者，在小说中描述的事在电视中不一定可以演，因为看小说的人至少有阅读的能力，受过一定的教育。如果电视对观众有坏影响，应该由电视负责。因为电视编剧应该考虑到观众中有一部分是没有分辨能力的，打斗该适可而止。"

"一把菜刀"的比喻既显示了金庸式的幽默与机智，也把一个众说纷纭的问题讲得一清二楚。金庸的老到圆熟、举重若轻由此可见一斑。金庸认为，生活中很多负面的事，常常不是人的能力可改变的，既然难以改变，就坦然接受，并且多往好处想，就愉快多了。比如，他的作品被大量盗版，他反而说："如果没有那么多的盗版，我的书不会有那么多的读者。"风趣、洒脱，令人心折，真可谓"大肚能容容天下难容之事"了。任何事情都有正面及负面效果，多强调正面，我们就会减少痛苦，增加快乐。如果看到的尽是负面的，好事都会被弄得沉闷痛苦。

金庸的幽默方式中隐含着一种潇洒从容的人生智慧。幽默会让人发笑，使人得到美的享受，并且它还会把你从尴尬的局面中拉出来，减轻你的压力，消除你的紧张，使你的生活充满情趣。幽默所带来的机智反应并非只是能言善道，而是成熟的生活态度，是一种快乐！掌握了幽默等于掌握了智慧结晶，得到了快乐的泉源。富有智慧的人，不一定幽默；而具有幽默感的人，一定富有智慧。在职场中，谈吐幽默的人往往最受人欢迎。只有从容、超脱、聪明透彻的人才具有幽默感。但要想使自己变得幽默，并不是一件很容易的事情。在职场中，要想使自己的谈吐幽默，你必须拥有渊博的知识和深刻的社会经验、良好的文化素养和语言表达能力、敏锐的洞察力和想象力、高尚优雅的气质以及自信乐观镇定轻松的情绪。

在交际场合，幽默的话语可以迅速地打开交际局面，使当时的气氛轻松、活跃。在出现意见分歧的难堪场面时，幽默、诙谐便可成为紧张情境中的缓冲剂，使朋友、同事摆脱窘境或消除敌意。所以，要想成为具有幽默感的人，就要在平时多学习一些幽默技巧。

## 4. 用幽默语言避开正面冲突

在人际交往中，我们难免会遭遇意想不到的尴尬。如何将尴尬巧妙化解呢？幽默不失为一种行之有效的方法。可以说，幽默是缓解紧张尴尬、避免人际冲突的灵丹妙药。

大作家萧伯纳的剧作《武器与人》初次演出，大获成功。应观众的热烈要求，萧伯纳来到台前谢幕。此时，却从楼座里冒出一声高喊：“糟透了！”整个剧场立刻变得鸦雀无声，空气似乎凝固了一般。面对这种无礼的行为和紧张的局面，萧伯纳微笑着对那人鞠了一躬，彬彬有礼地说道："我的朋友，我同意你的意见。"他耸了耸肩，看了看刚才正热烈喝彩的其他观众说："但是，我们俩反对那么多观众又有什么用呢？"顿时，观众中爆发出了更为热烈的掌声和喝彩声。

在这种情况下，对对方无礼的行为予以必要的回击，既是维护自己体面和尊严的需要，也是讽刺对方、批判错误的正当行为。但怒气冲冲地回击和辩论都不可取，最理想的方法是幽默地回敬。萧伯纳的话语，温文尔雅，表面看来似乎是对对方表示理解。细细体味一下，则是一种强有力的反击。这种蓄藏着智慧与技巧的幽默博得了绝大多数人的好感。

一般人之所以缺乏幽默感，就是因为太习惯于直截了当、简洁明了的表达方式。而幽默则不同。在职场中，发泄不满要尽可能避免正面冲突！正面冲突往往是激化矛盾和招致烦恼的导火索！因此，我们要谨记用幽默避免正面冲突。这种迂回的幽默技巧，更是人生的智慧。

很久以前，有一位宰相大人请一个理发师修面。理发师给宰相大人修到一半时，也许是过分紧张，不小心把宰相大人的眉毛刮掉了。"哎呀！不得了了！"他暗暗叫苦，顿时，惊恐万分，深知宰相大人如果怪罪下来，那可有杀头之罪呀！

但行走江湖多年的理发师，深知人之普遍心理：盛赞之下无不怒气消。他情急智生，猛然醒悟！连忙停下剃刀，故意两眼直愣愣地看着宰相大人的肚皮，仿佛要把五脏六腑看个透。

宰相大人见他这模样，有点丈二和尚摸不着头脑，于是满腹疑惑地问道：

"你不修面，却光看我的肚皮，这是为什么呢？"

理发师忙解释说：

"人们常说，宰相大人肚里能撑船，我看大人的肚皮并不大，怎能撑船呢？"

宰相大人一听理发师这么说，哈哈大笑：

"那是说宰相大人的气量最大，对一些小事情，都能容忍，从不计较的。”

理发师听到这话，“扑通”一声跪在地上，声泪俱下地说：

“小的该死，方才修面时不小心，将您的眉毛刮掉了！相爷气量大，请千万恕罪。”

宰相大人一听啼笑皆非：眉毛给刮掉了叫我今后怎么见人呢？不禁勃然大怒，正要发作，但又冷静一想：自己刚讲过宰相大人气量最大，怎能为这件小事给他治罪呢？

于是，宰相大人豁达温和地说：

“无妨，且去把笔拿来，把眉毛画上就是了。”

幽默是智慧的表现。面对人际交往中不期而遇的尴尬，如果我们能巧用幽默，以善意的方式来对待，定能化尴尬为轻松，收到皆大欢喜的效果。在职场中，一个幽默的表现不但能化解紧张的气氛，也能显出仁慈和宽广的智慧来。因此，当处于难堪的困境时，幽默说话，可以助你走出窘境。

幽默天才卓别林曾被歹徒用枪指着头打劫。卓别林知道处于弱势所以不做无谓抵抗，乖乖奉上钱包。但他要求抢匪说：“这些钱不是我的，是我们老板的。现在这些钱被你拿走，我们老板一定认为我私吞公款。大哥，我和你打个商量——拜托您在我的帽子上打两枪证明我遭打劫了。”

歹徒心想，有了这笔巨款，子弹钱算便宜了，于是对着帽子射两枪。

卓别林再次恳求：“大哥，可否在衣服、裤子上再各补两枪，让我的老板更深信不疑。”

头脑简单、被钱冲昏头的抢匪，统统照做。六发子弹全射光了。这时，卓别林一拳挥去，打昏了歹徒赶紧取回钱包，笑嘻嘻地走了。

幽默可以让人急中生智，化解困境，或者从危险的境地中脱身，创造性地、完善地解决问题。因此，在工作和生活中不管遇到什么困难，都有化解的办法，不妨多一点笑容和幽默，少一份沮丧和悲哀。一个心胸狭隘、思想消极的人是不会有幽默感的，幽默属于那些心宽气平、对生活充满热情的人。

## 5. 自我解嘲显大度

自我解嘲是在自己尴尬的处境下，诙谐地为自己进行辩解或嘲讽。在人际交往中，它可以协调人与人之间的紧张关系，张扬解嘲者幽默风趣的个性。善于自嘲的人，必须要有豁达的胸襟和宽广的胸怀。适当的时候"幽默"一下自己，这样的人会更有人缘，这样的说话方式别人也更爱听。

英国首相丘吉尔就是一位善于自我幽默的高手，他为世人留下的幽默典故数不胜数，绝对算得上是一位多产的幽默大师。

1915年，当时的丘吉尔还是英国的海军大臣。有一天，不知他是一时心血来潮，还是什么原因，突然要学开飞机。于是，他命令海军航空兵的那些特级飞行员教他开飞机，军官们只好遵命。丘吉尔还真有股韧劲，刻苦学习，把全部的业余时间都搭上了，负责训练他的军官都快累坏了。丘吉尔虽称得上是杰出的政治家，但操纵战斗机跟政治是没什么必然联系的。也可能是隔行如隔山吧，总之，丘吉尔虽然刻苦用功，但是机舱里的那么多仪表丘吉尔自始至终也没完全搞明白。

有一次，在飞行途中，天气突然变坏，一段160英里的航程竟然花了2个小时才抵达目的地。着陆后，丘吉尔刚从机舱里跳出来，那架飞机竟然再次腾空而起，一头撞到海里去了。旁边的军官们都吓得怔在那里，一动不动。

原来，匆忙之中的丘吉尔竟然忘了操作规程，在慌乱之中又把引擎给发动起来了，望着眼前这一切，丘吉尔也不知所措，好在，他并没有惊慌，装作茫然不知似的，自我解嘲道：

"怎么搞的，这架飞机这么不够意思，刚刚离开我，就又急着去和大海约会了。"一句话，缓解了紧张的气氛，也让丘吉尔摆脱了尴尬。

幽默一直被人们称为只有聪明人才能驾驭的语言艺术，而自嘲又被称为幽默的最高境界。能自嘲的人必是幽默的高手、说话的智者，没有豁达、乐观、超脱、调侃的心态和胸怀，是无法做到的。当你在交际场中，如果下不了台的事因自己不慎而生，只有自己承受了。一旦因自己失误而造成尴尬局面，最聪明的办法是多些调侃，少些掩饰；多些自嘲，少些自以为是。

某人要出国进修，他的妻子半开玩笑地说："你到那个花花世界，说不定会看上别的女人呢！"他笑道："你瞧瞧我这副尊容：瓦刀脸，罗圈腿，站在路上怕是人家眼角都不撩呢！"一句话把妻子逗乐了。人人忌讳提自己长相上的缺陷，可这位丈夫却能够接受自己的先天不足，并不在意揭丑。这样的自嘲体现了一种人生智慧，比一本正经地向妻子发誓决不拈花惹草，其效果不是更好吗？此时他在其妻眼里，一定变得又美又可爱。

从某种意义上来讲，笑自己的长相，或笑自己做得不很漂亮的事情，会使我们变得较有人性，并给人一种和蔼可亲的感觉。传说古代有个石学士，一次骑驴不慎摔在地上，一般人一定会不知所措，可这位石学士不慌不忙地站起来说："亏我是石学士，要是瓦的，还不摔成碎片？"一句妙语，说得在场的人哈哈大笑，自然这石学士也在笑声中免去了难堪。以此类推，一位胖子摔倒了，可说："如果不是这一身肉托着，还不把骨头摔折了？"换成瘦子，又可说："要不是重量轻，这一摔就成了肉饼了！"由此可见，适时适度地自嘲，不失为一种良好修养，一种充满魅力的交际技巧。

还在担任《正大综艺》节目主持人时，杨澜曾被邀请到广州市天河体育中心担任演出的主持人。晚会演出到中途时，她在下台阶时摔了下来。这种情况的出现，确实令人难堪。但杨澜非常沉着地爬了起来，凭着她主持人特有的口才，对台下的观众说："真是人有失足，马有失蹄呀。我刚才的狮子滚绣球的节目滚得还不熟练吧？看来这次演出的台阶不是那么好下哩！但台上的节目会很精彩的，不信，你们瞧他们。"

杨澜这段自我解嘲式的即兴演讲非常成功，不但为自己摆脱了难堪，更显示出了她非凡的口才。以致她话音刚落，会场就立刻爆发出热烈的掌声。有的观众还大声说："广州欢迎你！"你看，自嘲能制造宽松和谐的交谈气氛，能使自己活得轻松洒脱，使人感到你的可爱和人情味，有时还能更有效地维护面子，建立起新的心理平衡。这是常人能够了解却做不到的高深的说话真功夫。

## 6. 妙语连珠，化解尴尬

幽默是什么？它并不是小丑企图取悦别人的表演，也并不是拿别人来寻开心。幽默是缓和尴尬局面的智慧和机智。生活之中不可能永远笑颜常开，让人窘迫和尴尬的事是经常会遇到的，这时如果能巧用幽默来打一下圆场，不但让彼此窘迫和尴尬的事顷刻烟消云散，而且别人也会对你的机智和幽默感留下深刻的印象。

在一辆公共汽车上，由于急刹车，车厢里的一个青年小伙子猝不及防，撞到了一位姑娘身上，姑娘当时就很不高兴，气冲冲地说了一句："德行！"意思是指责那个青年人缺德。那个青年人立刻解释说："对不起，这和'德行'无关，是惯性。"一句话引起了乘客们的一片笑声，一场不快也在轻松的笑声中得以化解，那位姑娘也在众人的笑声当中原谅了小伙子的无意失礼行为。

在公共场合，人与人之间因为各种小的摩擦造成彼此之间不愉快的场面很多。上面例子中的那位小伙子如果是一本正经地加以解释，恐怕大费口舌也起不到太好的效果，或者是针锋相对地回敬一句，则可能引起一场无谓的争吵而导致不欢而散。而这一句，"对不起，这与'德行'无关，是惯性"既不失礼貌，又对自己没有站稳的原因进行了准确恰当的辩解，同时在幽默诙谐中对那位姑娘极不礼貌的话也给予了反击，真是无可挑剔的回答。

有一次，乾隆皇帝突然问刘墉一个怪问题："京城共有多少人？"毫无防备的刘墉却非常冷静，立刻回了一句："只有两人。"乾隆问："此话何意？"刘墉答道："人再多，其实只有男女两种，岂不是只有两人？"

乾隆又问："今年京城里有几人出生？有几人去世？"刘墉回答："只有一人出生，却有十二人去世。"乾隆问："此话怎讲？"刘墉妙答："今年出生的人再多，也都是一个属相，岂不是只出世一人？今年去世的人则十二种属相皆有，岂不是死去十二？"

乾隆听了大笑，深以为然。

确实，刘墉的回答极妙——皇上发问，不回答显然不妥；答吧，心中无数又不能乱侃，这才急中生智，转眼间以幽默妙答趣对皇上，可谓是机智至极。其实，这样的例子在外交场合中经常会遇到。

在20世纪60年代初期的时候，我国曾经准确地击落过一架入侵我国的美制高空侦察机，在一次引人关注的记者招待会上，曾有一位外国记者就此询问当时的陈毅外长："请问外长先生，你们是用何种武器击落如此先进的高空侦察机的？"显然，这是我国的军事秘密，自然是不能公开回答的，但是，如果不回答的话又会使提问者感到很尴尬，机智的陈毅就势举了举自己手中的拐杖，说："就是用这玩意儿把它捅下来的。"说着还做了个向上捅的动作。自然，陈毅的回答赢得了一片热烈的掌声。

在工作中，幽默可以促使更好地沟通和理解，因而它不仅会把快乐停留在你的身边，而且更重要的还能让别人感到高兴。幽默通过创造一种快乐而友好的气氛来减轻你身旁的烦恼。僵硬的表达使他人感到不舒服，而微笑和机智却能熄灭怒火、减轻沮丧、抚慰绝望。

小霞是一个刚毕业的大学生，找工作处处碰壁，但是她坚信自己一定能找到一份好工作。一次，她给一家外企发了一份简历，第二天就收到了对方发来的"未被录用"的邮件。对方的邮件写着：很遗憾，您未被录用。可能是系统出了问题，对方相同内容的邮件，竟然有好几封。

于是，她无意中给对方又回复了一封邮件，说："既然您对没有录用我表示如此的遗憾和内疚，为什么不能给我一次面试的机会呢？"

对方的招聘人员觉得好笑，想看看这到底是个什么样的女孩，于是就给了她一次面试的机会。结果她顺利通过了。

在后来与外国经理的相处过程中，小霞也总能够抓住机会幽默一下，使得本来尴尬的气氛变得缓和，而且，结局永远是快乐的。例如有一次，外国经理不小心把一杯可乐打翻，可乐洒在地毯上，他自嘲地说："一会儿蟑螂部队肯定会大规模地袭击我的办公室。"小霞想了想，微笑着对经理说："绝对不会，因为中国的蟑螂只喜欢吃中餐。"经理很愉快地看着她，放声大笑。以后的日子里，小霞很是得到这位经理的器重，工作也非常顺利。

求职也好，与领导相处也好，小霞的幽默吸引了他人，带给了她很大的成功。由此可以看出，幽默是人与人之间的润滑剂。拥有了它，你和朋友的关系就会越发展越好。

## 7. 幽默拒绝，教你轻松说“NO”

生活的经验告诉我们，要学会幽默地拒绝他人。如果我们在遇到需要否定的场合，就连声说“不，不，不”，这不仅表现了我们的浅薄幼稚，而且还有可能破坏友谊。那么是否有一种两全其美的方法，既不会伤害别人的面子，还可以巧妙地拒绝呢？回答是肯定的。这就是用幽默技巧拒绝。

> 美国有一位女士读过《围城》后，便给钱钟书先生打电话说，希望能够见一见钱钟书先生。但钱钟书先生向来淡泊名利，不爱慕虚荣，于是他就在电话中这样说道：“假如你吃了一个鸡蛋觉得不错的话，那你又何必要见那个下蛋的母鸡呢！”在此，钱先生以其特有的幽默和机智，运用新颖、别致而又生动、形象的比喻，拒绝了那位美国女士的请求。钱钟书先生的这番话不仅维护了美国女士的自尊，还使自己避免了不必要的麻烦。

用幽默的语言拒绝对方提出自己难以接受的要求，不仅坚持了自己的原则，还能够保全别人的面子。这种幽默的语言，既拒绝了对方的不合理要求，还避免了使对方尴尬，同时还可以营造一种轻松愉快的气氛，是一种极好的说话方式。

美国总统富兰克林·罗斯福是个非常幽默风趣的人。在他担任海军部长助理时，他的一个朋友向他打听海军在加勒比海一个小岛上建立潜艇基地的计划。当时，这是不能公开的军事机密。面对好友的提问，罗斯福怎么拒绝才好呢？罗斯福想了想，故意靠近好友压低嗓门轻声问道："你能对不宜外传的事情保密吗？"好友以为罗斯福准备告诉他真相了，便马上点点头保证说道："当然可以。"罗斯福则坐正了身子笑道："我也一样。"

在这里，富兰克林·罗斯福采用的是委婉含蓄的拒绝方法，在他的拒绝中也充满了轻松幽默的情趣，这就表现了罗斯福的高超技术。他委婉地拒绝既使自己的朋友没有陷入到难堪中，还使自己坚持了不能泄露秘密的原则立场，从而取得了极好的拒绝效果。而罗斯福的这位老朋友，在罗斯福去世多年后还可以心情愉快地谈及这段总统逸事。

现实生活中拒绝是一件令人遗憾的事，但又是无法回避的事。拒绝一个人是需要勇气的。因为拒绝就意味着将对方拒之门外，拒绝了对方的一片"好意"，有时会让对方很难堪。这时，我们要根据不同的场合和对象进行考虑，选择恰当的方法婉转地拒绝，不能因为自己的拒绝而伤害对方的情感。

曾有个野心勃勃的军官一而再、再而三地请求英国首相狄斯雷利加封他为男爵。狄斯雷利知道这个人才能超群，也很想跟他搞好关系。但军官不够加封条件，狄斯雷利无法满足他的要求。

有一天，首相狄斯雷利把这位军官单独请到办公室里。首相对这位军官说："亲爱的朋友，很抱歉我不能给你男爵的封号，但我可以给你一样更好的东西。"

随后，狄斯雷利放低声音地说："我会告诉所有人，我曾多次请你接受男爵的封号，但都被你拒绝了。"

这位军官按照狄斯雷利的建议做了，这个消息一传出，很多人都称赞这位军官谦虚无私、淡泊名利，对他的礼遇和尊敬远远超过任何一位男爵。军官得到了良好的评价，因此，他对狄斯雷利由衷地感激。后来，这位军官就成为狄斯雷利首相最忠实的伙伴。

在这个故事中，狄斯雷利正是依靠幽默的拒绝方式拒绝了他人的要求，而且还使自己获得了一个重要的支持者。拒绝不仅是一门艺术，更是一门学问，还可以很好地体现一个人的综合素养。当别人对你有所希求而你办不到，不得已要拒绝的时候，要学会幽默地拒绝他人。因为幽默的拒绝方式在很大程度上顾全了被拒绝者的颜面，有助于处理好人与人之间的关系。

## 结束语：善说会听，说话是艺术，听话是水平

总有一些人抱怨自己没有好的口才，和别人在一起总是无话可说。其实，这种想法是很片面的。口才并不是天生的，或者说只要胆子足够大就可以了，口才是要有足够的底蕴作为基础的。只有那种以丰富的知识为坚强的后盾，善说会听，才是真正的好口才。在职场上，说话是艺术，听话是水平。一个具备好口才的人必定是善于谈吐、长于倾听的人。

苏秦是我国战国时期一位有名的纵横家。什么是纵横家呢？纵横家就是战国时期一些依靠自己的口才来为各国君主出谋划策的人，换句话说，就是一些靠着嘴皮子吃饭的人，而苏秦就是他们中一位杰出的代表。但是，苏秦并不是一开始就是成功的。他是当时大名鼎鼎的鬼谷子的学生，从老师那里学成出师之后，曾经先后去游说过周王、秦王，但是都失败了。

随后，苏秦很落魄地回到了家里，受到了亲戚朋友，甚至包括自己父母的冷遇。于是他发愤图强，拼命地刻苦攻读，为了防止自己在学习时打瞌睡，他就用一把小锥子朝自己的大腿上狠狠地刺一下，使自己继续学习下去。

苏秦经过了这一番刻苦的钻研，终于使自己的学识又上了一个新的高度。于是他再次出马，以自己苦心钻研出来的"合纵之道"游说各国君主，终于获得了巨大的成功，以致身佩六国相印，以三寸不烂之舌抵挡百万雄兵，成为了一个"前无古人、后无来者"的例子。

成功者曾经这样总结过："全凭自己的能说会道。"而失败者则这样归纳："都怨自己的这张嘴。"可见，说话水平的高低，直接影响着人生的得失与成败。如果你没有语言障碍，如果你并不缺少才智，如果你想成就人生的梦想，就不能不具备能说会道的本领。而不善言辞，或尽说废话、空话、套话的人，他们的人生必然不会有多大的成就。在现如今的社会，由于人们之间的交往日益频繁，好口才也越来越被认为是现代人所必须具有的

能力。作为现代人，不仅要有新的思想和见解，还要在别人面前运用绝佳的口才表现自己，用自己的口才去感染、说服别人。

在南北朝时期，齐高帝由于酷爱书法，所以经常与当时的大书法家王僧虔一起探讨书法的知识。有一天，齐高帝突然来了兴致，与王僧虔一比书法，写过之后他问王僧虔："在你看来，你和我，谁的字写得更好些？"

这个问题在君臣之间是比较难回答的，如果说齐高帝的字比自己的好，那是违心之言；但若说高帝的字不如自己，又会使齐高帝的面子搁不住，弄不好还会将君臣之间的关系弄得很糟糕，更甚者还会因此而丢掉性命。想了一会儿，王僧虔回答道："我的字在臣子之中是最好的，而您的字是君王之中最好的。"

南北朝之前及当下的皇帝屈指可数，而臣子却是不计其数，王僧虔的言外之意已经说得很清楚了。而齐高帝又是何等的聪明，又怎能不解其意？听了王僧虔的回答，齐高帝哈哈一笑，对此事就此作罢，以后再也没提过这件事。

在许多场合，好口才可以让你将问题化解于无形。社会有三百六十行，行行都需要有好口才：对政治家和外交家来说，口齿伶俐、能言善辩是基本的素质；商业工作者推销商品、招揽顾客，企业家经营管理企业，好口才都是必不可少的。

当然，好口才并不是只会说，不会听。西方有一句著名的话：雄辩是银，倾听是金。聆听是生活在这个世界上的一种需求。沟通的最高境界就是静静地聆听。学会聆听，学会用心去聆听，直到今天于我们而言还是十分重要的。聆听别人的意见对于完善自己的人格与事业有重要意义。

有一个人到张三家做客，这人发现张三家的烟囱是直的，而旁边堆放着许多木材，屋后一棵大树笼罩着屋顶，时值深秋树叶早已发黄。看到这些现象，这人便对张三说，烟囱要改成弯的，堆放的木材要搬掉，要不然会引起火灾的。张三听后没有任何的反应。没过多久，张三家真的失火了。周围的邻居赶紧跑来救火，火也终于被扑灭。张三为了感谢邻居们，宰猪杀鸡摆了好几桌酒席，宴请灭火的人们。在席上有人说，张三呀，你应该去请原先给你提建议，要你搬掉木材把烟囱改成弯的那人，如果当初你接受了他的建议，今天也不会失火，你也不会摆酒宴嘛，这时张三才顿时省悟去请当初给建议的人。

学会聆听，能够接受别人的意见。故事中的张三也就不会如此狼狈了。但在今天的现实生活中，又有多少个类似张三的人呢？有人曾经说过：学会聆听是一种智慧。在这个世界，许多事情需要我们用心聆听才知道该怎么做，如果只顾一味地大声说，就会听不到许多善意的意见，听不到许多真诚的忠告。所以，在纷繁的尘世中，我们要学会聆听，聆听他人的心声，也聆听他人的见解。

古希腊有一句民谚："聪明的人，借助经验说话；而更聪明的人，根据经验不说话。"职场上的我们也应如此。